中山大学岭南(大学)学院
LINGNAN (UNIVERSITY) COLLEGE

广东改革开放40周年回顾与展望丛书

陆　军◎主编

广东经济改革四十年

地方改革的逻辑

徐现祥 等◎著

中国社会科学出版社

图书在版编目（CIP）数据

广东经济改革四十年：地方改革的逻辑／徐现祥等著 . —北京：中国社会科学出版社，2018.10

（广东改革开放 40 周年回顾与展望丛书）

ISBN 978 - 7 - 5203 - 3457 - 0

Ⅰ. ①广⋯　Ⅱ. ①徐⋯　Ⅲ. ①区域经济—经济改革—研究—广东　Ⅳ. ①F127. 65

中国版本图书馆 CIP 数据核字（2018）第 248672 号

出 版 人	赵剑英	
责任编辑	喻　苗	
责任校对	胡新芳	
责任印制	王　超	

出　　　版	中国社会科学出版社	
社　　　址	北京鼓楼西大街甲 158 号	
邮　　　编	100720	
网　　　址	http://www.csspw.cn	
发 行 部	010 - 84083685	
门 市 部	010 - 84029450	
经　　　销	新华书店及其他书店	

印　　　刷	北京明恒达印务有限公司	
装　　　订	廊坊市广阳区广增装订厂	
版　　　次	2018 年 10 月第 1 版	
印　　　次	2018 年 10 月第 1 次印刷	

开　　　本	710 × 1000　1/16	
印　　　张	15	
插　　　页	2	
字　　　数	202 千字	
定　　　价	65.00 元	

总　序

　　党的十一届三中全会，吹响了中国改革开放的号角，从此中国大地发生了翻天覆地的变化。时至今日，已经整整四十年，中国从一个贫穷落后的国家发展成为世界第二大经济体，外界称之为中国奇迹。四十年的改革开放，给中国人民带来了实惠，也给世界人民带来了福利，中国已经成为了世界第一贸易大国。四十年的风雨历程，四十年的探索前行，走出了一条中国特色的社会主义道路，向世人证明了中国特色社会主义制度的优越性。

　　广东地处华南，濒临港澳，是中国改革开放的试验田和排头兵。从蛇口工业区、经济特区到沿海开放城市，再到沿江沿边城市，形成全面对外开放的新格局，广东的先行先试以及"敢为天下先"的开创精神，为全国提供了很好的经验借鉴。2018 年 3 月 7 日，习近平总书记在参加十三届全国人大一次会议广东代表团审议时发表重要讲话，充分肯定了党的十八大以来广东的工作，深刻指出广东在我国改革开放和社会主义现代化建设大局中的重要地位和作用，对广东提出了"四个走在全国前列"的明确要求。"进一步解放思想、改革创新，真抓实干、奋发进取，以新的更大作为开创广东工作新局面，在构建推动经济高质量发展体制机制、建设现代化经济体系、形成全面开放新格局、营造共建共治共享社会治理格局上走在全国前列。"从某种意义上讲，广东的改革开放就是全国的一个缩影，广东的经验就是全国的经验。党中央在充分肯定广东成绩的同时，对广东也提出了更高和更大的要求。

1985 年我还在中山大学攻读研究生，到深圳参加广东外贸体制改革课题的调研，当年深圳建设时期晴天黄尘漫天、雨天泥泞的道路至今印象深刻。珠江三角洲河网密布，水系发达，改革开放前广东、特别是珠三角交通很不发达，广州到东莞要过五六个渡口，要用 6 个多小时的时间。如今粤港澳大湾区城市群通过高速铁路、高速公路、港珠澳大桥等连成一体，成为世界上最发达的区域。改革开放初期，以习仲勋、任仲夷等为代表的老一代改革开拓者，以大无畏的改革精神和实事求是的探索精神，给广东的发展打出来一片新天地。广东从改革开放前的一个偏远落后的省份，如今已经连续 29 年经济总量位列全国第一。广东"以桥养桥""以路养路"，率先到国际金融市场融资，率先成功采用 BOT 的建设方式，率先采用掉期等风险管理的方式，率先发行信用卡等，广东在中国不知有多少个全国第一！从经济特区的建立，对外开放以及"三来一补"的发展模式，助力广东取得发展的原始积累；到珠三角的迅速崛起，广东制造蜚声海内外；再到广东创造，成为创新创业的引领者，这中间不知凝聚了多少广东人民的勤劳和智慧。特有的广东经济发展模式，给各种所有制经济提供了发展的舞台，特别是民营经济以及家族企业开拓了一条特色发展之路。企业发展需要社会和政策的土壤，企业也在不断地回馈社会和国家，广东的企业家们也格外注重履行企业社会责任。经济的发展，更离不开政府的政策扶持和市场制度建设，金融、外贸、工业、财政、税收等各个领域的改革，在广东大地上全面推开。广东的发展离不开港澳两地的支持，同时广东的发展也给港澳的发展注入了新的活力。在"一国两制"方针的指导下，粤港澳经济合作的格局也在不断发展和壮大。最近粤港澳大湾区建设的战略设想，也给粤港澳合作提出了更高的要求，粤港澳三地人民将发挥更大的智慧来互补互助，解决发展的瓶颈问题，将会给世界大湾区经济建设和制度创新留下浓墨重彩的一笔。然而，发展也存在一定的问题，广东的区域发展极不平衡，粤东西北等地区的经济发展甚至滞后于全国平均水平，最富在广东，最穷也在广东。2020 年我们要全面步入小康社会，广东的扶贫攻坚工作也尤为艰巨。

中国、特别是广东的改革开放走的是一条创新开拓之路，没有现成的经验可以借鉴，是中国共产党人，带领全国人民披荆斩棘，共建美好家园的探索之路，所以有人把改革称之为摸着石头过河。既然是走没有人走的路，就会出现这样或那样的问题，也会遇到这样或那样的困难。我们把这些解决问题的思路和克服困难的方法总结起来，这就是经验，是希望给继续前行的人点上一盏明灯。

中山大学地处广东改革开放这块热土，中山大学的众多师生全程参与了广东的改革开放，见证了广东改革开放的奇迹。在我的记忆中，广东改革开放四十年的不同阶段碰到的重要的理论与实践问题，都有我们经济学人参与研究。从最早的加工贸易、"三来一补"，鲜活农产品输港问题，到香港珠三角"前店后厂"、国际经济大循环、珠三角发展规划、产业升级转型、大湾区建设、价格改革、外贸改革、金融改革、国企改革、农民工问题等，中山大学的经济学人都积极地贡献着智慧。1989 年成立的中山大学岭南（大学）学院，本身就是作为中国教育部和中山大学在中国高等教育改革开放方面的一个尝试。得益于广东改革开放的伟大成就，经过近 30 年的建设，岭南学院已经通过了 AACSB、AMBER 和 EQUIS 等国际商学院的三大认证，跻身于国际优秀的商学院之列。自 2017 年初，岭南学院就计划组织校内外专家学者编写"广东改革开放 40 周年回顾与展望"丛书，从经济发展、经济改革、对外开放、区域经济发展、民营企业、广东制造、财政改革、金融发展、企业社会责任以及粤港澳合作等视角全方位回顾广东的发展历程，总结广东的发展经验，并展望未来的发展方向。丛书的编写工作，得到了中山大学领导的大力支持，学校不仅在经费上全力支持，而且在总体布局上给予了诸多指导。当然，由于团队水平有限，写作的时间较短，难免有所疏漏，错误在所难免，还请广大读者批评指正。

中山大学岭南（大学）学院　陆军教授

2018 年 10 月 21 日

目　　录

第一篇　广东创办经济特区

第二篇 广东市场经济改革

第三篇 广东全面深化改革

地方改革的逻辑

时间匆匆而过，中国的改革已经到了不惑之年。在过去的40年间，中国改革的一个显著特征是，伟大的改革事业总是始于某些先行一步的地方改革。比如，农村家庭联产承包责任制改革中的小岗村，市场经济改革中的深圳经济特区等，民营经济改革中的温州等，国企改革中的诸城，住房商品化改革中的上海，政府大部制改革中的顺德区等，商事制度改革中的东莞大朗镇等，对外开放新格局中的自贸区等，以及践行新发展观中的雄安新区……在先行一步的改革书页里，这是一份长长的名单。

站在不惑之年这个时间节点上，回顾这份地方改革的名单，人们会困惑，地方为什么会率先改革呢？其中改革的逻辑又是什么？放眼未来，人们自然也会好奇，地方改革将会走向何方？这些问题，是中国改革进入不惑之年的应有之问。

如果把时间尺度拓展到千年，追问地方改革的逻辑也是应有之问。在中国两千多年的历史长河中，从管仲变法、商鞅变法，到汉武帝变法、王安石变法、张居正变法，再到戊戌变法，历朝历代的著名改革也是一个长长的名单。尽管这些改革中涉及地方，如由地方来落实中央的改革措施，但是这些改革始终是中央顶层设计的，而不属于地方的先行一步，因而都是国家改革，算不上是地方改革。国家改革不同于地方改革，我们不能把国家改革的逻辑直接移植到地方改革上来。

如果把视野放宽到全球，追问地方改革的逻辑更是应有之问。在全球范围内，改革更是不胜枚举，各个大洲、各个国家或地区都有。据文献，这些改革往往是以国家为单位展开论述的，以至于诺斯教授，新制度经济学派的代表性人物，在构建制度变迁理论时，专门构建了国家理论，并以此作为制度变迁的理论基础。由此可见，地方政府只是中央下辖的下级行政单位，我们无法直接套用基于国家的制度变迁理论去考察地方的改革。

因此，我们有必要基于中国地方先行一步的改革实践，专门考察地方改革的逻辑。基于地方改革的逻辑，我们既可以系统地回顾中国40年来的地方改革，又可以基于一致的内在逻辑去展望中国地方改革的未来。这是经济学人在中国改革进入不惑之年的应有之举。

第一节　上级的约束

在考察地方改革的逻辑之前，先要明确地方所面临的约束。地方作为上级政府的一个辖区，受其管辖。地方主政官员由上级任命，执行上级所统一实施的法律规章制度政策等，对上级负责，这是下级所面临的硬约束。

当然，地方也是泛指，并未明确到哪个层级。就中国行政区划而言，在2016年，全国可以分为31个省级区划，334个地级区划，2851个县级区划。相对于中央政府而言，省级、地级和县级政府都是地方政府，执行国家统一的法律法规、制度政策等。为了表述的方便，我们将其分为上级与下级两级政府，集中考察下级政府的改革逻辑。

其实，上下级政府的简化并不失一般性。比如，我们把中央视为上级政府，那么下级政府就是31个省级政府。如果我们把上级视为某一个省级政府，比如广东省，那么下级就是广东省所下辖的21个市。当然，我们也可以把上级视为某个地级市，比如佛山市，下级就是佛山市下辖的4个区。总之，一个上级将下辖多个边界清晰的下级政府。

上级官员直接任命下级官员。在这个由一个上级、多个下级构成的经济体内，上级官员具有任命其下辖多个下级地方政府的权力。这也就意味着，这个上下级就构成了一个标准的买方垄断市场。因为，一个上级是唯一需求方；多个下级官员是多个供给方，将为上级官员的需求而竞争。比如，上级官员强调"发展是硬道理"，下级官员将为辖区经济增长而竞争。再比如，上级官员强调"高质量发展"，下级官员将转向为发展的高质量而竞争。

上级制定制度政策，下级执行制度政策。上级官员由上级任命，对其负责，自然要负责落实上级制定的制度政策等。具体而言，有以下三点需要明晰：

第一，政策具有统一性。上级出台的政策，每个下级官员都要执行。在经济体里，每个下级实施统一的政策。第二，政策具有边界。辖区的行政边界就是政策的边界。上级出台的政策，下辖的每个下级政府都必须执行，但其辖区外的其他政府未必实施。下级地方政府如果出台某项政策，也是只在其辖区内执行，其他地方政府未必执行。第三，上级看重下级执行政策的绩效，而非执行政策的过程。这一点非常关键。如果上级只看重下级地方政府执行政策的过程，那么下级地方政府将为"执行政策的过程"而竞争。结果，各地将会选择尽可能不折不扣地，甚至层层加码地，一味通力执行上级政策，就不会带有变通地提出改革之法。反之，如果上级更看重政策的绩效，那么下级地方政府将为"执行政策的绩效"而竞争，由政策绩效自证政策执行的合理性。如果下级地方政府发现，在本地实施上级政策无法实现其预期绩效时，改革现有政策也就成为一个可能的选择。

第二节　下级的改革

本小节主要考察，下级地方政府官员为什么会选择改革。首先要界定地方改革的定义。地方改革是指下级官员主动采取不同于上级要求的新政策，以期获得更好的绩效。对于这个定义，有以下三点值得强调。

第一，地方改革的核心是采取不同于上级要求的新政策。在经济体内，上级政策具有统一性，若各个下级地方政府全部采取"统一"，自然不存在地方改革。如果出现了地方改革，必然是某个下级地方政府采取了不同于上级要求的新政策。因此，地方改革是新政策替代旧政策的过程。

第二，地方改革的主体是下级地方官员。下级官员由上级任命，对上级负责，面临着执行上级政策的硬约束。地方改革，显然是下级地方官员主动打破这种"硬约束"的过程，需要很大的智慧和担当。因此，地方改革是下级官员创造性破坏的过程。

第三，地方改革是为了取得更好的绩效，而不是为了对抗上级。这一点很关键，需要与地方叛乱区分开。历史上不乏地方叛乱的案例，地方叛乱也源于地方采取了不同于上级的做法，只是上级把这些做法定性为以下犯上、对抗上级，不是地方改革。因此，地方改革旨在在上级的领导下取得更好的绩效。

为了表述的方便，我们把地方改革限定为先行一步。[①] 也就是说，与经济体的其他地方相比，改革的地方主动采取不同于上级要求的新政策，只是先行一步。因为，如果上级认可这个新政策，将推广这个新政策，其他地方也将采取这个新政策，从而经济体内各个地方将执行统一的新政策；如果上级不认可这个新政策，将勒令停止这个新政策，从而经济体内各个地方依然执行统一的"旧"政策。

接下来我们讨论，假定先行一步的地方已经存在，地方改革需要满足什么条件。这个问题看似有点抽象，但其实从实践的角度看，我们是尝试总结地方改革能出现的经验；从学理的角度看，我们是考察地方改革的必要条件。

地方改革的必要条件是上级的默许、同意、支持。下级官员由上级任命，对上级负责，统一落实上级所要求的政策。如果某个下级地方官员主动实施了有别于上级要求的做法，必有上级的默许，甚至是同意与支持。原因很直接，如果上级不认可下级地方官员的改革，完

---

① 傅高义（Ezra F. Vogel）曾把广东的率先改革概括为先行一步，并详细表述了广东在1978—1988 年间改革开放的探索历程。参见傅高义《先行一步》，广东人民出版社 2008 年版。

全可以以失职的名义辞退甚至处理这个地方官员，任命新的地方官员重新执行统一的政策，从而终结地方改革。从实践看，每一个成功的地方改革背后，都有支持改革的上级。比如，率先实施家庭联产承包责任制的小岗村。小岗村队长严宏昌联合 18 位农民摁下鲜红的手印，签订"秘密协议"，搞起了大包干。大包干有别于当时的国家政策，是地方改革。当时的县委书记陈庭元和省委书记万里都是支持的。再比如，率先进行市场经济改革的特区。1979 年 1 月，吴南生等在汕头提出了建设贸易加工区的建议。同年 4 月，习仲勋代表广东省委向中央提出在深圳、珠海、汕头创建贸易合作区的设想。邓小平非常同意这个设想，当听说贸易合作区的名称悬而未决、大家意见不一致时，深思熟虑后说"还是叫特区好，陕甘宁开始就叫特区嘛"。从此，广东先行一步，创办经济特区。①

上级默许、同意、支持下级改革的一个具体表现是，上级划定地方改革的清晰边界。正如《春天的故事》所唱的，"一九七九年那是一个春天，有一位老人在中国的南海边画了一个圈"。特区具有清晰的边界。最初的深圳特区北边以山为界，南边以深圳河为隔，西至珠江口岸，东到小梅沙，总面积约为 327.5 平方公里，珠海特区则是6.81 平方公里，汕头特区是 1.6 平方公里，厦门特区是 2.5 平方公里。特区执行的"特殊政策"也是有边界的，确切地说，上级划定了地方改革的边界。时至今日亦是如此，无论是当下的各大自贸区还是雄安新区，都有清晰的边界。相应地，地方改革在边界内进行。

最后，我们讨论地方改革的充分条件，即下级官员为什么愿意或被逼改革。为了讨论的方便，我们不妨假定在初始时刻，没有一个下级官员进行地方改革，都执行统一的上级政策，如图 0—1 所示。在图

---

① 经济特区执行的"特殊政策、灵活措施"是中央授予的。中央关于创建经济特区的第一个书面文件"中发〔1979〕50 号文件"明确，广东、福建两省对外经济活动实行特殊政策和灵活措施，给地方以更多的主动权，使之发挥优越条件，抓紧有利的国际形势，先行一步，把经济尽快搞上去。另外，经济特区的法律框架《广东省经济特区条例》，不是由广东省人大审议通过的，而是由时任国家进出口委员会副主任江泽民代表国务院向全国人大常委会做说明，全国人大常委会审议通过的。

0—1 中，横轴和纵轴分别表示时间和政策，圆圈表述下级官员。五个下级官员排成一排，表示他们执行统一的上级政策。地方改革的本质是，下级官员创新出政策，并替代上级统一政策的过程。因此，从经济学的逻辑看，对于理性的下级地方官员而言，地方改革的充分条件是，新政策的净绩效足够大。也就是说，地方执行新政策带来的绩效要远远大于执行统一政策带来的绩效。这个充分条件，具体而言，可以分解为以下三点。

图 0—1　地方改革的初始状态

　　第一，执行统一政策的绩效足够小。由于地方本身存在差异，因此各地实施统一的上级政策后，绩效总是存在差异。这时，给定新政策的绩效，执行统一政策的绩效足够小，执行新政策的净绩效则足够大，下级地方官员进行改革的意愿就越强。如图 0—1 所示，5 个下级地方的绩效存在差异，为了简单起见，我们把绩效表示为三类：1、2 和 3。在一个各地为绩效而竞争的经济体里，绩效为 3 的地区，执行上级统一政策的绩效已经脱颖而出，排位第一，自然没有进行地方改革的动机。因为，改革如果成功，在经济体的排位依然是第一；如果失败，则可能失去第一的排位。绩效为 1 的地区在竞争中无疑处于劣势，如果不弃赛，绩效为 1 的地区内心最为酸楚，更易"被迫"尝试潜在的新政策，率先改革。因为，改革如果失败，在经济体里倒数第一的排位并不会发生改变；如果成功，则可能告别倒数第一的排位，向前跃进。

另外，对于上级而言，绩效足够小的地方率先改革，还有一个额外的"好处"：即使地方改革失败了，对整个经济体的影响相对也足够小。如图0—1所示，绩效为1的一个地方进行改革，如果失败了，整个经济体的损失就是从9下降到8，下降幅度为11%左右。反之，绩效为3的一个地方进行改革，如果失败了，整个经济体的损失就是从9下降到6，下降幅度为33%左右。因此，从风险控制的角度看，绩效足够小的地方率先改革更容易获得上级的支持。因此，执行统一政策绩效差的"薄弱地方"，更容易率先进行地方改革。

现实也如是。率先实施家庭联产承包责任制的小岗村，是全公社乃至全县最穷的生产队，1978年夏收分麦子，每个劳动力只分到3.5公斤。全村18户，除了一户教师和一户在银行工作的，其他16户都外出要过饭。1978年秋天，严宏昌当了队长，在生存的巨大压力下，带头搞起大包干。1978年前的深圳，也不是一个安分的小渔村。20世纪50年代至70年代，有将近100万名内地居民，由深圳逃往香港，史称"大逃港"①。1978年，习仲勋主政广东，一上任就到民众逃港情况最严重的宝安县察看，发现引进外资、允许老百姓去港做生意后，老百姓不跑了，连跑了的都回来了。习仲勋对宝安县委的人说："香港九龙那边很繁荣，我们这边就冷冷清清，很荒凉。你们要下决心改变这个面貌。这些人是外流嘛，是人民内部矛盾，不是敌我矛盾。……经济搞好了，逃过去的人又会跑回到我们这边来。"时任宝安县委书记、后来任深圳市委副书记的方苞说了一句意义深刻的话："不是我们教育了群众，是群众教育了我们啊！"无疑，"大逃港"为经济特区的设立，做了一个深刻而令人心酸的铺垫。②

第二，执行新政策的绩效足够大。下级地方官员由上级任命，却选择不执行上级的统一政策，主动选择改革上级的统一政策，尝试其

---

① 为了弄清这段历史，陈秉安前后用了22年时间，采访了百余名相关人物，收集了大量资料，出版了报告文学《大逃港》。

② 这段材料来自澎湃对陈秉安的专访，2018年9月14日，https://www.thepaper.cn/newsDetail_forward_1261060。

他新政策。这种"你走你的阳关道，我走我的独木桥"的底气来自何方？[①] 来自上级更看重执行政策的绩效，而非执行政策的过程；来自下级地方执行新政策的绩效足够大，不仅远高于本地过去执行上级统一政策的绩效，而且也高于其他地区现在执行上级统一政策的绩效。只有如此高的绩效，才能够使下级地方官员在竞争中脱颖而出，才能够向上级证明，新政策是正确的。

需要明确的是，执行新政策的绩效不低于执行统一政策的绩效，不是地方改革的充分条件。在经济学分析中，我们通常认为，当执行政策 A 的绩效不低于政策 B 的绩效时，理性的行为人选择政策 A。这种隐含的假定是，放弃政策 B 的成本为零。在本书分析中，这个隐含的假定不再成立。正如第一节所讨论的，下级统一执行上级的政策是其职责，是其面临的硬约束。下级放弃上级统一政策的成本显然不为零。因此，只有当新政策绩效不低于统一政策绩效与放弃统一政策成本之和时，下级地方官员才会选择改革。如何度量放弃统一政策的成本呢？如果不考虑上级的政策权威等，只从绩效的角度度量，在所有下级官员中，执行统一政策的最大绩效，就是放弃统一政策的成本。正是从这个意义上说，执行新政策的绩效要足够大。

新政策的绩效证明地方改革的合理性。小岗村实施大包干，不是没有反对声音，但是在实施大包干的当年，小岗村生产队粮食大丰收，解决了吃饭问题，还第一次向国家交了公粮。以至于当《人民日报》社论批评大包干时，县委书记陈庭元顶住了压力。省委书记万里也让秘书打电话给凤阳县："《人民日报》能给饭吃？"同理，创办经济特区时也有反对声音，甚至是更大的反对声音。1984 年 2 月 1 日，邓小平为深圳特区题词，"深圳的发展证明，我们建立经济特区的政策是正确的"。

第三，也是最关键的，要有敢于改革的下级地方官员。从现实看，

---

① 1980 年 9 月 14 日至 22 日，胡耀邦接受万里的建议，召开各省、市、自治区党委第一书记座谈会，专门讨论生产责任制问题，在讨论包产到户问题时，仍发生了激烈的争论。新华社的记者吴象在《人民日报》发表了一篇文章《阳关道与独木桥》，记录了当时的争议。

地方似乎从来不缺乏备选的改革方案，人民群众总能够从实际出发、创造性地提出能够解决问题的新方法。关键之处在于，当政的地方领导人有胆子正视这些新方法，把其转变成新政策，取代上级的统一政策，执行新政策。因为，在开始改革时，放弃上级统一政策的成本已经产生了，而新政策的绩效只是预期收益，并非是确定的。地方改革是有风险的，需要下级地方官员有勇气和胆魄来承担这个风险。

显然，不是每一个下级官员都有这个勇气和胆魄。比如小岗村，村民挨饿、外出讨饭的现象早在1978年前就已存在。可是当时政策规定："不许包产到户，不许分田单干。"小岗人即使私下同意大包干，也不敢贸然提出来。是严宏昌打破了沉默，"我们队委会三个碰了个头，打算分田到户，瞒上不瞒下，但有一条，各家要保证交足公粮……"老农严家芝说："万一被上头发现了，你们几个干部弄不好要坐班房，你们的大人小孩怎么办啊？""你们是为我们村民出的事，到时候，我们谁个也不能装孬，全村凑钱凑粮，把你们的小孩养到18岁！"这一提议得到村民的附和。[①] 其实，每个地方改革的背后，几乎都站着一位"胆子要大一些"的下级领导人。

以上分析表明，一个相对落后的地方，迎来一位具有改革胆识的官员，更容易选择能够带来预期绩效足够大的新政策。一言以蔽之，地方改革的充分条件是，地方面临的问题"倒逼"有担当的下级官员改革。

本书强调的地方改革是有担当的下级官员被逼改革，值得进一步说明。地方改革是一个试验。从产品属性上看，试验结果具有非竞争性和非排他性。地方改革在上级默许和支持下先行一步，探索新政策的可行性。显然，这个试验结果具有非竞争性。因为先行一步的地方试验出可行的新政策，并不能够减少其他地区采用这项新政策。比如，深圳经济特区最初的贡献是就业合同制。现在，特区采用的是就业合

---

① 这段文字来自《大包干的领头人：严宏昌》，2018年9月14日，http：//politics. people. com. cn/GB/1025/8533820. html。

同制，全国其他地区也是采用就业合同制。地方改革结果具有非排他性，也是显然的。上级默许地方先行一步的目的就是，授权地方进行改革试验，从众多的可能方案中筛选出对辖区发展有用的东西，推广到整个经济体。先行一步的地方无法阻止经济体内其他地方采用其试验结果。这意味着，先行一步的地方改革是在生产、提供公共产品。按照传统的经济学逻辑，为绩效而竞争的地方是没有动机进行试验、提供公共物品的。本小节的分析却揭示了一个新的逻辑，地方面临的问题"倒逼"有担当的下级官员改革，从而先行一步，逃离竞争。

图0—2报告了地方改革是先行一步、逃离竞争的示意图。改革前，经济体的5个下级地方官员都执行统一的上级政策，按照政策度量，5个地方是排成一排的，但是各地的政策绩效并不相同。最右边地区的绩效最差，在竞争中处于劣势。假定其迎来一位具有改革胆识的官员，选择能够带来预期绩效为10的新政策。改革后，按照政策度量，最右边的地方先行一步，其他4个地方依然排成一排。这时，各地依然为绩效而竞争，先行一步的地方，在地方竞争中脱颖而出，逃离了竞争。

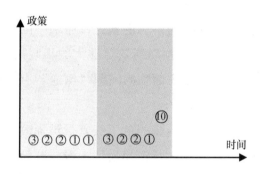

图0—2 地方改革的先行一步

第三节 上级的认可

本小节考察，上级对下级地方官员改革的认可。上级认可是一个过程，一个典型的上级认可过程包括视察、定性、纠偏和推广四个环节。

视察是上级实地核查地方改革绩效的过程，是认可的起点。虽然下级官员是地方改革的主体，但是上级官员是地方改革的参与者。具体而言，事前，上级默许支持地方改革的措施；事后，上级要视察地方改革的绩效。① 因为，在地方改革进行的同时，上级也承担了改革的风险。在绩效自证政策合理性的规则下，上级只有看到了地方改革足够大的绩效才能消除其承担的风险。另外，先行一步的下级地方官员也期待上级来视察。下级地方官员由上级任命，放弃上级统一的政策，主动采取新政策，一直承担着改革的风险。即使地方改革的绩效足够大，如图0—2所示，最右边的地方先行一步，辖区绩效从1提高到10，只要上级没有认可地方改革，地方改革的风险则一直压在下级地方官员身上。因此，地方改革取得足够大的绩效后，上级来视察，对于上下级官员来说，是"双赢"。

经济体内的其他下级地方官员也有动机来参访。在一个为绩效而竞争的经济体里，任何能够改变绩效的新做法、新政策，必然引起竞争参与者的关注。如图0—2所示，最右边的地方率先采取新政策，先行一步，辖区绩效从1提高到10，从而改变了经济体5个地方绩效的排序，其他4个地方必然有动机来参观学习。另外，先行一步的地方官员也欢迎其他地方官员来参访。先行一步的地方官员实验出可行的新政策，是创新，没有专利保护，只有"署名权"。来参访的同行越多，则意味着新政策的价值越大。比如经济特区，为了获得国内其他地区的支持，特区一直以"内联"的方式邀请国内其他地区来参观学习合作。因此，地方改革取得足够大的绩效后，同级官员来参访，对于参访者和被参访者来说，也是"双赢"。

定性是上级认可的核心。地方改革是一项试验，所进行的政策创

---

① 1984年1月24日，邓小平第一次到特区视察，对广东省委、军区主要负责人说："办特区是我倡议的，中央定的，是不是能够成功，我要来看一看。"

新更是一项试验。上级责无旁贷地成为最终裁判，鉴定地方改革。比如在图 0—2 中，先行一步的地方，率先改革，绩效大幅度提高。虽然绩效自证政策的合理性，但是地方改革所实验的新政策，符合整个经济体的实际吗？是对整个经济体有用的新政策吗？上级是最终裁判。以特区为例，经济特区诞生后，特区姓"资"还是姓"社"的争论随之产生。① 在特区创立之初，从中央到地方，从理论界到普通百姓，对经济特区的性质也都持有不同的观点，久久未能达成共识。因此，"姓资姓社"之争持久不休，而且呈周期性涌起。1984 年 1 月 24 日，邓小平亲自来视察经济特区的发展情况，"经济特区是我提议的，中央决定的。五年了，到底怎么样，我要来看看"。② 特区的发展后来得到邓小平的认可，同年 2 月 1 日他题词："深圳经济特区的发展和经验证明，我国建立经济特区的政策是正确的。" 这次视察虽然没有给"姓资姓社"问题下一个定论，但邓小平对特区的定性，给有关特区的争论基本画上了句号。

纠偏是上级认可的手段。既然地方改革是一个实验，那么在政策创新中出现偏差将是常态，难免存在这样或那样的问题。上级对其纠偏，责无旁贷。还是以特区为例，中央对深圳等经济特区自身存在的问题也有察觉。1985 年 4 月 25 日，姚依林副总理视察蛇口时就强调，特区的经济发展长期靠国家"输血"来维持是不可能的。③ 陈文鸿文章发表后，④ 中央对特区存在的问题给予了更大的关注。1985 年 8 月 1 日，邓小平在会见日本公明党第 13 次访华代表团时说，"我们特区的经济从内向转到外向，现在还是起步阶段，所以能出口的好的产品还不多。只要深圳没有做到这一步，它的关就还没有过，还不能证明它

---

① 邓小平坦言，"对办特区，从一开始就有不同意见，担心是不是搞资本主义"（引自《邓小平文选》第 3 卷，人民出版社 1993 年版，第 372 页）。

② 苏东斌：《中国经济特区史略》，广东经济出版社 2001 年版，第 80 页。

③ 1985 年 5 月，香港《广角镜》杂志发表了香港大学亚洲研究中心陈文鸿博士的文章《深圳的问题在哪里？》。陈文鸿炮轰深圳特区的初期发展模式。

④ 《邓小平文选》第 3 卷，人民出版社 1993 年版，第 133 页。

的发展是很健康的"。① 这一年中央对深圳进行全面整顿，在人事上进行调整，免去梁湘深圳市市长的职务，② 任命国务院副秘书长李灏为深圳市市长。国务院于 1985 年 12 月 25 日到 1986 年 1 月 5 日在深圳召开"全国特区工作会议"，会议认为，虽然当前在特区建设方面还存在问题和困难，但过去的五年总的来说是成功的。会议明确指出，在"七五"期间，经济特区的发展目标，是建立以"工业为主、工贸结合"的外向型经济。全国经济特区工作会议结束后，各特区总结了奠基阶段的经验教训。通过"七五"期间的建设，特区经济结构发生根本性转变，逐步建成了以工业为主的外向型经济。

推广是上级认可的目的。上级默许、支持地方改革的动机，就是尝试通过地方实验，风险相对可控地筛选出解决经济体所面临问题的政策方案。比如在图 0—2 中，在地方改革前，最右边的地方绩效最差。为什么会绩效差呢？根本的原因也许就是，原有的统一政策无法调动经济活动主体的积极性，出工不出力，效率低、产出低。应如何解决这个普遍问题呢？最右边的地方先行一步，实验出新政策，调动了经济活动主体的积极性，辖区绩效从 1 提高到 10。上级在视察中如果肯定了地方改革，认为能够解决效率低的问题，必然会在经济体里推广先行一步地区所实验出的新政策。当然，为了稳妥起见，上级可能会选择先向经济体里的部分地方推广，然后再向剩余的其他地区推广。

推广地方改革，其实就是上级推进整个经济体改革。如图 0—3 所示，随着上级推广地方改革，经济体里的其他 4 个地方也采用了新政策。整个经济体都采用了新政策，这不就是经济体范围内的改革吗？从这个意义上说，地方改革只是整个经济体改革的先行一步。整个经济体的改革将按照小平同志设计的改革路线图展开。邓小平同志在1978 年 12 月 13 日的中共中央工作会议闭幕会上明确指出，"在经济

---

① https://cpc.people.com.cn/n/2018/0510/c69113 – 29977333.html.2018 – 9 – 14 访问。
② 吴南生兼任深圳经济特区第一任市长、市委书记，1982 年病倒在工作岗位上，梁湘接任深圳市市长、市委书记，一直到 1985 年。

政策上，我认为要允许一部分地区、一部分企业、一部分工人农民，由于辛勤努力成绩大而收入先多一点，生活先好起来。一部分人生活先好起来，就必然产生极大的示范力量，影响左邻右舍，带动其他地区，其他单位的人们向他们学习。这样，就会使整个国民经济不断波浪式地向前发展，使全国各族人民都比较快地富裕起来"[1]。

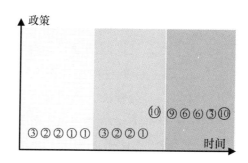

图 0—3　地方改革的推广同步

第四节　下级的同步

本小节重点讨论上级认可地方改革后，地方改革的演进。由图 0—3 可知，地方改革进入新阶段：先行一步地区的优势消失，整个经济体重新进入地方改革的新初始期。

先行一步地区的政策优势消失，这是显然的。上级推广了新政策，其他地区采用了新政策，结果经济体各个地区都执行了新政策，先行一步地区的政策优势不再。如图 0—3 所示，按照政策度量，5 个经济体重新排成了一排。其实，这是先行一步地区期盼的结果。因为，先行一步的地区发自内心地期盼上级认可其创新的政策，认可的最好结果就是在整个经济体中推广其创新的政策。[2] 不可否认，地方改革一

---

① 《邓小平文选》第 3 卷，人民出版社 1993 年版，第 152 页。

② 在理论上，这是一个悖论。不过，从现实看，这未必是一个悖论。在现实中，地方官员都是有任期的。在地方改革的不同阶段，未必是同一个地方官员。

且到了这个阶段，难免会出现质疑或失落。比如，"特区为什么不特了"，或"深圳，你被谁抛弃?"等。[1]

先行一步地区的绩效优势消失。与政策优势消失相比，绩效优势消失的逻辑相对要复杂些。从理论的角度看，先行一步地区能够取得足够大的绩效，比如在图 0—2 中，先行一步地区的绩效从 1 提高到 10，背后的原因至少有两个：增长效应和转移效应。增长效应是指，先行一步地区试验出的新政策，提高了先行一步地区的资源利用效率，效率提高促进了先行一步地区的绩效快速增长。转移效应是指，先行一步地区试验出新政策，变成了经济体的政策洼地，其他地区的资源会转移到先行一步地区，转入的资源促进了先行一步地区的绩效快速增长。这两个效应，都会促进先行一步地区的绩效增长。当经济体的其他地区都采用先行一步地区实验出的新政策后，情况变得略微有些复杂。如果新政策只具有增长效应，那么增长效应在各个地区都存在，从而增长效应所带来的绩效在先行一步地区与其他地区之间的差距将趋于消失。如果新政策只具有转移效应，那么随着政策洼地的消失，资源将在先行一步地区与其他地区之间重新配置，从而转移效应所带来的绩效在二者之间的差距将趋于缩小或消失。因此，随着先行一步地区的政策优势消失，政策绩效的优势也将随之消失。反映在图 0—3 中，其他 4 个地区的绩效提高了 3 倍，与先行一步地区之间的绩效差距明显缩小。

经济体酝酿新一轮的地方改革。对于经济体而言，各个地区重新执行统一的新政策，即又回到了地方改革的初始状态，只是初始的起点较以往更高了些。如图 0—3 所示，政策趋同后，5 个地区同步了，与初始状态的 5 个地区政策同步，没有本质区别。在新的初始状态下，只要上级依然要求下级为执行政策的绩效而竞争，地方改革的逻辑依然重现，经济体将进入新一轮地方改革周期。

---

[1]　2002 年 11 月，一位自称"我为伊狂"的网民，在人民网"强国论坛"发表了《深圳，你被谁抛弃?》。经《南方都市报》报道后在深圳乃至全国引起了极大的反响。

第五节 小结

本部分从中国改革总是始于地方改革的现实出发，从理论上考察中国地方改革的逻辑。具体而言，在一个简单的由上下级构成的买方垄断经济体里，考察了地方改革的动机、过程和作用。

地方改革是上下级共同推动的结果。地方改革的必要条件是上级默许地方改革。下级由上级任命，对上级负责，如果上级不同意下级的地方改革，完全可以随时终止。地方改革的充分条件是，地方面临的问题"倒逼"有担当的下级官员改革。执行上级统一政策，并取得良好绩效的下级地方官员没有任何动机进行地方改革，只有当执行上级统一政策，但无法解决辖区所面临的问题时，有担当的下级官员才会"被逼"进行地方改革。因此，地方改革是上级默许下的地方"被逼"改革。

地方改革是一个周期性的过程。一个典型的地方改革将分为四个阶段。第一个阶段是地方改革的初始阶段。在这个阶段，各地执行统一的上级政策，并且各地的政策绩效存在差异。第二个阶段是地方先行一步阶段。在这个阶段，某个相对落后的地方，迎来一位具有改革胆识的官员，选择了能够带来预期绩效足够大的新政策。从而这个地方先行一步，并通过新政策优势所带来的绩效，在地方竞争中脱颖而出，逃离地方竞争。第三个阶段是上级认可阶段。事前，上级默许改革；事后，上级实地视察改革绩效，定性、纠偏、推广先行一步地区所实验出的新政策。第四个阶段是地方同步阶段。先行一步地区的新政策被推广后，各个地方的政策再次趋同，先行一步地区的政策优势消失，整个经济体进入地方改革的新初始阶段。这四个阶段构成了地方改革的一个完整周期，地方官员在每个阶段所面临的挑战迥异。

周期性地方改革构成了经济体的空间渐进改革。从上级的视角看，地方改革的四个阶段，就构成了经济体的空间渐进改革。地方改革只是经济体改革的先行阶段，对上级而言，损失的是上级统一政策的权威；收获的是风险可控的政策创新。地方改革的缰绳握在上级手里，周期性的地方改革构成了经济体不断深化的空间渐进改革。

以下章节，将按照上述地方改革的逻辑，考察广东在1978—2018年间的改革历程，并基于一致的内在逻辑展望广东改革的未来。

第一篇

广东创办经济特区

20世纪70年代末80年代初，随着"二战"后民营经济的不断壮大，世界经济的发展趋势从政府干预转向市场主导。刚刚走出"文革"所带来的经济衰退的中国自然首当其冲，在中央政府不断寻找新突破口时，广东率先提出新建议：创办经济特区。因此，经济特区是上级支持下级的地方改革。

广东创办经济特区，在全国改革格局中先行一步，既取得了巨大的成绩，又引起了巨大的争议。而在邓小平第一次南行时，以题词"深圳经济特区的发展和经验证明，我国建立经济特区的政策是正确的"的方式一锤定音，肯定了特区的作用。中国随之创办14个沿海开放城市、3个沿海开放地带，在更大范围内进行试点改革。

第 一 章

广东创办经济特区的背景

广东创办经济特区的历史背景是，世界经济发展趋势发生了巨变：从政府干预转为市场主导。20 世纪，一场前所未有的大灾难——"二战"给人们带来骇人听闻的破坏、穷困和分崩离析。在"二战"期间，物资匮乏，上千万人急缺食物，许多人濒临饿死的局面；大批伤者、忧郁的幸存者以及破碎的家庭无处安顿；家园和工厂被夷为平地，农业劳作和交通都被迫停止。市场随时都会失灵，况且也没有有效的私人部门能够调动投资、货物和重建与复苏所需的技术，国际贸易和国际支付也已经中断，人们因需求得不到保障而感到绝望。当时有人担心如果不能及时缓解人民的痛苦，共产主义的影响可能会扩大到整个欧洲甚至更远。在这种情况下，政府不得不承担起责任，成为经济恢复的组织者和斗士。

20 世纪 70 年代，由欧佩克（OPEC，石油输出国组织）引发的两次石油危机，重挫了蒸蒸日上的全球经济，随即，经济陷入"滞胀"的泥潭中，又由于自战后的凯恩斯革命起，各国政府绝大多数都是凯恩斯主义的拥趸，但从前百试百灵的政策干预却在"滞胀"的环境下成了徒劳无功的抱薪救火。信奉新自由主义的经济学家随即将政府政策失灵的原因归结为国家政策的干预过度、政府用度的赤字过大和人们的理性预期。也就因为这种态势，被束之高阁多年的新自由主义理论成了炙手可热的香饽饽，紧接着，以里根为代表的"供应学派"和以撒切尔夫人为代表的"新右派"分别成为美国与英国的执政者，否定凯恩斯主义的声音逐渐从"不合时宜的噪声"变成社会舆论的主流，逐渐成为美、英等国的主流经济学。新自由主义理论进一步地系统化和理论化了反对国家干预的观点，不仅遏制了凯恩斯主义的浪潮，还形成了对其的反革命，因此新自由主义在西方的另一个称呼是新保守主义。①

与此同时，自 20 世纪七八十年代以来，以苏联为首的一大批社会主义国家和发展中国家，奉行着早期结构主义发展经济学理论，从而依靠计划化（以苏联的"五年计划"为典型）、国有化（以中国的"三大改造"为典型）来加速资本积累的速度和工业化的速率，而该过程中的发展不平衡问题，这些国家以进口替代策略解决。在实行结构主义的初期，其效果显著，发展速度惊人；然而好景不长，在更长的经济周期下，经济的运行过程出现了各式各样的矛盾、冲突和问题，经济发展的脚步逐渐放缓。与结构主义形成鲜明对比的是，对外开放程度高、更重视市场的作用且以出口为导向的一些发展中国家（例如亚洲"四小龙"），却取得了较大的经济成就。

同期，在结束了"文革"后，中国开始形成以邓小平为核心的中央领导集体，党和国家的工作重心转向经济建设，中国重新向欧美等市场经济体国家开放，开启了改革的历史新时期。

第一节 英美市场改革

"二战"期间，人们已经逐渐拒绝与抛弃亚当·斯密自由放任的经济思想和作为一种经济哲学传统的 19 世纪自由主义。"二战"的最后几个星期，即 1945 年 7 月上台的英国工党政治家吸取历史的教训，终于下定决心开始改造国家的作用，并全心全意地实施国有化。在欧洲，各主要国家实行了 30 年的混合经济。

20 世纪 70 年代，混合经济出现了严重问题，政府高度控制之下

① ［美］米尔顿·弗里德曼：《资本主义与自由》，商务印书馆 1986 年版。

的智慧和知识都不足以解决现实问题。通货膨胀率与利率一样高甚至超过利率，一度达到24%。失业率也很高，并在持续上升。福利国家和亏损的国有企业越来越贪婪地吞噬纳税人的钱。似乎"无限的需求"和约束机制的缺乏，使国民保健系统的成本迅速增加。劳资关系演化成持久战，逐渐瓦解着社会和经济。国际收支长期处于危机状态，英镑处于持久的压力之下，英国的企业几乎没有国际竞争力。整个国家都因沉重的税收负担而恼怒，许多企业界人士为避税而移居国外，另外，高税率也打击了那些收入不高的人，高达98%的边际税率几乎消灭了一切工作的动机。

玛格丽特·撒切尔写道："一种有气无力的社会主义已经成为英国的时尚。工党统治下接连不断的危机——经济、财政和工业危机不断驱使着我们思考和提出背离流行看法和共识的思想和政策。"事实证明，在英国果断刮起一股变革之风，而促使人们反思的领头人，正是基思·约瑟夫。

约瑟夫发表了一系列演说，在各个大学和学院共150多场。通过这些演讲，约瑟夫发起了一场宏大的"逆转集体主义趋势"的战斗，他开始公开批评作为混合经济基础的整个战后共识。他的主要论点是，政府的核心任务应当是通过稳定的货币供应控制通货膨胀，而不是通过凯恩斯主义的需求管理来实现充分就业。他说承担着责任和风险赚钱的人实际上是在帮社会的忙，"工人自己并不能创造财富，我们需要创造财富、创造就业机会的企业家和经理"。他警告说，一心一意追求平等的结果将导致平均主义和更普遍的贫困。"这是一个很不完美的世界，我所宣扬的一切就是，资本主义是我们所发明的最不那么糟糕的方式——就像丘吉尔对民主的评价一样。"他一而再再而三地重复着某些尤其骇人听闻的观点："英国需要的是更多的百万富翁和更多的破产。"更大的风险及更多的报酬意味着更高的生活水平和更大的繁荣。然而，他并不是说国家没有作用，"我不是在为完全的自由放任做辩护，国家必须制订和实施规则，以确保人身安全，保护人们免受暴力和欺诈的侵害，维护那些体现着社会积淀下来的和现在可望达到的社会、经济和生态价值观和标准"。

随着时间的流逝，随着一个个看似管理得很好的国家的真相被揭露，演讲结束后的质问也归于寂静，约瑟夫的观点正在赢得越来越多的共鸣。1978 年年底，英国再度陷入危机，公共部门雇员罢工，整个国家几乎陷入停滞状态，继任哈罗德·威尔逊的工党首相詹姆斯·卡拉汉宣布国家进入紧急状态。1979 年 3 月 28 日，国会通过了对工党政府的不信任案，卡拉汉不得不宣布进行大选。不难猜到，保守党人赢得了 1979 年的大选，与基思·约瑟夫理念相同的玛格丽特·撒切尔成为首相。

刚刚入主唐宁街的撒切尔立即开始了雷厉风行的改革。而这场改革的核心在于将政府干预转变为自由贸易，主张市场导向和民营企业为主，反对政府导向和国有企业为主。她的第一步是对臃肿的政府机构进行精简，裁减了大批的公务员以减少政府成本并引入竞争机制以保证效率。第二步是"国退民进"的私有化改革，以此开放市场。原属国有的英国石油公司、英国电信公司、英国天然气公司等都被卖给私人企业家。第三步是对政府预算进行削减和改革英国工会制度，并通过大幅提高市场利率和控制货币供应量增长速度的方式成功遏制了通货膨胀的进一步恶化。另外，撒切尔还推动英国加入欧盟，以从中获得低关税或零关税和自由贸易的优惠，但是她强烈反对加入欧元区，对让渡财政主权从而实现货币一体化的欧元区抱有敌意。这一政策沿袭至今，英国坚持使用英镑。

英国的经济在撒切尔的努力下没有受到滞胀的阻挠。比较典型的特征是，英国的通货膨胀率由 1975 年 12 月的 27% 降至 1986 年 12 月的 2.5%，通货膨胀程度回到了正常水平。撒切尔也因此取得了连任，在第二任期中，英国的经济开始持续稳定增长。而在第三任期中，英国政府的财政预算第一次扭亏为盈，打破了自 20 世纪 50 年代以来财政赤字居高不下的局面，英国经济也由此从泥潭中挣脱，焕发出新一轮的活力。①

1973 年 10 月第 4 次中东战争爆发，为了表示对西方各国支持入侵阿拉伯国家的以色列的抗议，欧佩克组织对包括美国在内的非友好国家实行了石油禁运，由此引发了导致国际油价上涨 2 倍的石油危机。这次危机持续了 3 年，而对于尚未发生页岩气革命的石油进口大国美国而言，石油危机无疑造成了严重的冲击。而祸不单行的是，1978 年末，作为石油出口国的伊朗爆发伊斯兰革命，霍梅尼所代表的什叶派穆斯林上台执政。而另一个重要石油出口国伊拉克以萨达姆政权为代表的执政派逊尼派穆斯林，出于领土争端、宗教矛盾和民族冲突的原因，选择入侵伊朗，两伊战争随即爆发，全球石油产量由此暴跌，较1978 年而言，1981 年石油产量降低了 2.8 亿吨。市场的反应是迅速的，随着产量的剧减，国际原油价格于 1979 年开始暴涨，从 1979 年的每桶 13 美元猛增至 1980 年的 35 美元。而这两次石油危机随即直接导致了美国在 1973 年和 1979 年发生经济危机，是美国 70 年代发生滞胀的重要外部影响因素。②

滞胀期间，美国的科技发展陷入低谷期。自 20 世纪四五十年代第三次科技革命以来，美国的科技发展进入快车道，但到 70 年代初，科技革命所带来的基础学科到应用技术的高速发展已经逐渐显得后继乏力。而另一方面，美国的出口贸易额占世界出口额比重也一步步进入下行阶段。"二战"结束后，1947 年美国出口额占到世界出口额的近三分之一，而 1948 年这一比重下降到了 23.5%，1970 年更是跌至15.5%。1971 年美国对外贸易首次出现逆差，此后年份几乎均为逆差。在科技革命的动力不足、出口的需求乏力影响下，美国实体经济的发展陷入停滞。雪上加霜的是，由于政府干预和工会力量增强，美国工人的工资福利水平不断提高，其增长速度甚至超过了劳动生产率的增长速度，这显然是不符合经济学规律的。而这种畸形的局面却持

---

① ［英］玛格丽特·撒切尔：《唐宁街岁月》，国际文化出版公司 2009 年版；郑文阳、郝火炬：《撒切尔夫人传》，人民日报出版社 2013 年版。

② ［美］戴维·古德斯坦：《石油危机》，湖南科学技术出版社 2006 年版。

续了相当长的时间，最后酿成了一场严重的通货膨胀，美国的通货膨胀率一度上升到自 1920 年以来的最高值，即 1980 年的 13.509%（见图 1—1）。这个时期的美国，高通货膨胀与低经济增长纠缠在一起，形成最为奇怪的经济滞胀。这种态势下，美国政府曾屡试不爽的宏观经济调控政策开始失灵。

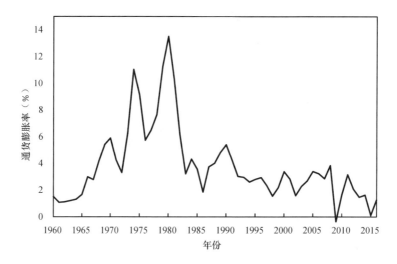

图 1—1 美国从 1960 年到 2015 年通货膨胀率变化

（按消费者价格指数衡量）

资料来源：世界银行。

滞胀时期，由于异常的高通货膨胀率和高失业率同时发生，使得美国政府在制定政策方面进退维谷，若是为了解决通货膨胀问题，使用货币紧缩政策将会加剧失业率的上升，而若是解决高失业率问题，推行扩张性财政政策却又会导致通货膨胀的恶化。为了应对这次危机，自 1973 年起，从尼克松、福特再到卡特政府用尽各种方式去解决危机，然而这三任政府却由于各方面的因素未能让美国抽离滞胀的泥潭，而 1981 年上任的里根政府对政府制定政策和通货膨胀进行了一系列的思考，对前三任政府的失败经验做了总结，打破了凯恩斯主义的牢笼，走出了新的道路。20 世纪 80 年代初，里根政府对经济政策进行了改革，采取积极的反滞胀措施，这种改革效果显著，到 80 年代中期，美国便逐渐走出了滞胀的泥潭，并控制住了通货膨胀的恶化，而里根政府所采取的一系列措施也因此被称为"里根经济学"。

里根政府所代表的供应学派，认为美国政府对经济过度干预，影响了经济活力，是造成美国经济陷入滞胀恶性循环的根本原因。而为了走出滞胀，里根政府另辟蹊径，从四个维度打破僵局：稳定货币供应量、减轻税负、缩减政府开支、减少政府干预。其中最为有效的两方面是稳定货币供应量和减少政府干预。

在政府管制方面，里根政府加大力度继续推行自尼克松时代开始的放松管制改革。这方面的内容可以概括为：

（1）减少规章条例对市场的限制，暂停已经制定但尚未执行的一切规章条例；并成立以副总统乔治·布什为主导的总统特别工作小组来负责这项工作。其力度是巨大的，仅 1981 年一年，这个小组就审核了 91 项管制企业的管制条例，其中撤销、放宽了 65 项，包括环境污染控制、生产安全管制、技术标准管制、企业购并、反垄断等。

（2）加大地方自治权，把一部分管制权由联邦政府下放给州政府和地方政府，由此提高管制的灵活性和高效性。

（3）减小政府对市场的干预，取消民主党政府时期制定的对工资和物价的管制。

（4）进一步松绑金融市场，1980 年和 1982 年国会颁布新的银行法案，放宽对金融市场的利率管制。

（5）开放各行业市场，里根政府先后放松了对航空、铁路、汽车运输、电信、有线电视、经纪业、天然气等许多行业的管制。

这种改革的影响是巨大的，在 1977 年，美国国民生产总值中完全受管制的产业的比重占 17%，而到了 1988 年，这一比重下降到 6.6%。由此，交通运输、通信、能源和金融部门中的很大部分产业不再受经济法规的束缚。经营上的更大自主权以及自由准入带来的更大竞争威胁，也促使行业的服务提供者在市场、技术和组织方面更进一步提高自身竞争力。美国放松管制的改革效果斐然，据《华尔街日报》统计，截至 1990 年，美国因改革而产生了至少 400 亿美元的收益。

里根政府实行的放松经济管制的政策，把增长、稳定和自由放在更加重要的位置，限制联邦政府规模和权力，由此美国从凯恩斯主义走向了新自由主义，实现了从政府干预主义向自由放任主义的回归。[①]

第二节　东亚经济奇迹

20 世纪六七十年代的亚洲正经历着"经济奇迹"。由于经济体复苏的发达国家经历着一个经济结构重塑的过程，这些发达国家的高新技术产业和服务业开始了迅猛的发展，相应地挤出了一些劳动密集型传统制造业，它们由此开始逐步向发展中国家和地区转移。

日本是个比较典型的例子，"二战"后，日本经济受多年战争影响衰退严重，而从 20 世纪 50 年代开始，借由朝鲜战争而产生的巨量战争物资需求，刺激了日本企业的生产和投资，日本步履蹒跚的经济受到巨大的推动，从战争废墟中迅速发展。而在 1960 年，执政的民主自由党池田勇人政府推出国民所得倍增计划，日本国内生产总值保持高位增长。在 1964 年东京奥运会开幕的前 10 天，世界上第一条商业运营的高速铁路：日本新干线（位于东京到大阪间的东海道）正式开通运营。从 1955 年到 1973 年，其年均 GDP 增长率始终保持在 9% 以上；1968 年，日本 GDP 总量超过联邦德国，1978 年 GDP 总量又超越了世界第二大经济体苏联，并保持到 2010 年才被中国超越。

不只是日本，在冷战期间，从属于西方资本主义阵营的诸多东亚经济体，都实现了工业化和经济腾飞。20 世纪 60 年代中后期，亚洲的韩国、新加坡，我国的香港、台湾地区先后利用发达国家往发展中国家转移劳动密集型产业的机遇，推行出口导向战略，吸引外地资本

---

① ［美］布鲁斯·巴特利特：《新美国经济：里根经济学的失败与未来之路》，中国金融出版社 2011 年版；朱太辉、魏加宁：《美国里根政府改革的策略和战略值得借鉴》，《经济纵横》2014 年第 6 期。

和技术，利用本地优势重点发展劳动密集型加工产业。在这期间，国民生产总值以 10% 左右的增长速度高速增长，迅速走上工业化道路，在短时间内实现了经济腾飞。"亚洲四小龙"的崛起被称为 20 世纪 70 年代的经济奇迹。东亚经济的整体发展又在 20 世纪 80 年代之后带动数个东南亚经济体的快速增长，出现了所谓"四小虎"（马来西亚、泰国、印度尼西亚和菲律宾）。1993 年 9 月，世界银行发布了名为《东亚的奇迹》的报告，把这些国家/地区所取得的瞩目的经济成就归结为"东亚模式"。这也是第一次，"东亚"与某种经济增长现象挂钩，代表了一种"成功"的发展主义观念。

在世界经济一体化和经济市场化的国际背景下，国内改革开放的势头也在悄无声息地酝酿着。

第三节　中国改革开放

中华人民共和国成立后，随着第一个五年计划的完成，效果显著的计划性建设让政府和人民对"高目标带来高收益"的理论深信不疑，导致了忽略客观实际的人民公社运动和大跃进，其目的是激发人民群众建设社会主义的热情，然而结果却是灾难性的，由于缺乏对物质条件和科学技术的客观认识，以"超英赶美"为口号的运动性建设并没有提高中国的经济实力。更糟的是，由于工农业生产产量的大幅度滑坡、国内贸易的几近中断和反右倾政治运动的影响，部分地区出现了由于"大跃进"运动而荒废生产和牺牲农业发展工业的政策性影响而导致的大规模食品和副食品短缺危机，加之中华人民共和国成立以来的首次重大自然灾害导致的粮食减产或绝收，1959 年至 1961 年三年时间，中国的部分地区发生了不同程度的饥荒，1960 年人口统计结果较上一年减员 1000 万，严重的地方，如河南信阳地区，有 9 个县死亡率超过 100%。[①]

---

① 中共中央党史研究室：《中国共产党历史》第 2 卷，中共党史出版社 2011 年版。

危机的发生迫使一些走投无路的农村地区以包产到户、责任田等各式各样的生产形式来应对饥荒，在党内引起了比较大的争议。当时主持中央工作的邓小平，已经意识到了"大跃进"运动所产生的"浮夸风"的严重性，严重脱离客观实际的带有政治任务色彩的"放卫星"行为已经屡见不鲜，为谋求让技术和教育再次获得尊重，拨乱反正成了当务之急。1962 年 7 月 7 日，在党内召开关于"包产到户"的讨论会后，邓小平在共青团三届七中全会上提出了在之后数十年间被反复引用的"猫论"："不论白猫黑猫，捉到老鼠的就是好猫"，肯定了经济政策中的实用主义，也在全世界引起强烈反响。然而，就是这种实用主义的观点，在 20 世纪 60 年代中期的"文化大革命"时期，成为攻讦邓小平的武器，人们称邓小平是"走资本主义道路的当权派"，邓小平和家人也因此被打为"走资派"，下放至江西新建劳动。在被下放的日子里，邓小平没有停止思索为何中国的现代化会失败，并开始设想如何才能使由于政治斗争而基本陷入停滞甚至倒退的国民经济重新开始运行。而用教育和经济刺激手段来代替意识形态和精神激励，是他一直热衷的原则。1976 年，毛泽东逝世，在经历了天安门事件①和怀仁堂事变②后，"四人帮"被粉碎，"文化大革命"由此结束，邓小平又回到了中央主持工作，开始收拾"文革"遗留的经济残局。这一次收拾残局，他要为中国真正的经济大跃进打下基础。

十一届三中全会之前的前两年，党的工作取得重大进展：

（1）粉碎了"四人帮"，整顿了全国各级组织的领导班子，为十一届三中全会以后工作重点的转移提供了政治保证；

（2）开展真理标准问题大讨论，打碎了"两个凡是"和个人崇拜的精神枷锁，为十一届三中全会重新确立马克思主义的思想路线、政

---

① 天安门事件，又称四五运动，发生于 1976 年 4 月 5 日，其目的是悼念周恩来总理，拥护邓小平，声讨"四人帮"，在当时被定性为反革命，两年后被平反，邓小平由此而被撤销一切职务。

② 怀仁堂事变，发生于 1976 年 10 月 6 日，以华国锋、叶剑英和李先念为首的中共元老，在怀仁堂逮捕了江青、王洪文、张春桥和姚文元的"四人帮"，结束了十年"文革"。

治路线和组织路线做了充分的思想准备;

（3）平反冤假错案，一大批在"文革"期间由于各种原因而被错打成"黑五类"的人民群众，尤其是被全盘否定，以"知识越多越反动"为定论被定性为坏分子（一般会被称为"臭老九"）的知识分子们被平反，激起了广大人民群众，尤其是具有高生产力的知识分子的建设热情;

（4）恢复高考，强调"科学技术是第一生产力"，文艺创作也开始出现百花齐放的繁荣景象，教育科学文化工作开始走上正轨;

（5）积极发展对外友好关系，恢复了一大批原来因为意识形态断交的西方发达国家的外交关系，扩大对外经济技术交流。

1980年1月16日，邓小平在中共中央召集的干部会议上的讲话中指出："粉碎'四人帮'以后三年的前两年，做了很多工作，没有那两年的准备，三中全会明确地确立我们党的思想路线、政治路线，是不可能的。所以，前两年是为三中全会做了准备。"[①] 总的来说，整个前期实质上是将党和国家的工作从政治阶级斗争转移到经济建设上。

在经济方面，按劳分配和商品生产得到正名。在"文化大革命"中，不单是正确的社会主义经济理论横遭批判，连"按劳分配""商品生产"都被认为是产生资本主义和新资产阶级分子的经济基础。粉碎"四人帮"后，在重大经济理论问题上正本清源、拨乱反正成为一项紧迫的任务。出于这样的目的，1978年5月5日，《人民日报》发表"特约评论员"文章《贯彻执行按劳分配的社会主义原则》。文章针对"四人帮"把按劳分配说成是"资本主义因素"、是"产生资本主义和资产阶级的经济基础和条件"、是"生产力发展的障碍"等谬论，运用马克思主义理论，有力地论证了按劳分配是社会主义的原则;实行按劳分配原则不但不会产生资本主义，而且是最终消灭一切形式的资本主义和资产阶级的重要条件;按劳分配是促进社会主义阶段生产发展的重要力量，而根本不是什么"生产力发展的障碍"。社会主

① 邓小平:《邓小平文选》第2卷，人民出版社1994年版。

义制度中的商品生产问题，既是一个重大的理论问题，又是一个重大的政策问题。能否正确认识和处理这个问题，关系到社会主义事业的成败。在"文化大革命"中，"四人帮"篡改马克思主义商品、货币理论，诋毁社会主义商品生产、货币关系，破坏社会主义经济发展，在思想理论上造成极大的混乱。1978 年 5 月 2 日，《人民日报》发表文章《驳斥"四人帮"诋毁社会主义商品生产的反动谬论》。文章通过分析社会主义商品生产和小商品生产、资本主义商品生产本质的不同，有力地论证了发展社会主义商品生产不会产生资产阶级。文章联系实际，分析了必须大力发展商品生产和商品流通的客观依据，从思想理论上为发展社会主义商品生产做了铺垫。

1978 年 12 月，十一届三中全会在北京召开，重新确立了解放思想、实事求是的思想路线，实现党的工作重心向经济建设的转移，开始形成以邓小平为核心的中央领导集体，开启了改革开放的历史新时期。

第四节　广东面临挑战

中华人民共和国的成立，揭开了广东历史的新篇章。在社会主义革命和建设时期，广东既是国防前线和战备前沿，又是中国与资本主义世界打交道的"窗口"和桥头堡，作用独特而重要。同全国一样，在这 30 年中，广东既经历了经济迅速恢复和蓬勃发展的喜悦，也饱尝了坎坷曲折的艰辛磨难。

在三年经济恢复和"一五"计划时期，广东在旧中国遗留的"一穷二白"的烂摊子上奋发图强，艰苦创业，先是致力于医治战争创伤，抑制通货膨胀，进行土地改革，调动当家做主站起来的劳动者的生产热情，随后又展开了社会主义工业化建设和三大改造，使社会主义制度开始植根于这片充满希望的大地。由于生产关系的变革极大地解放和发展了原来被束缚的生产力，社会主义建设事业蒸蒸日上，人民群众意气风发，生活不断改善，"翻身不忘共产党"，处处洋溢着崭新的社会主义新气象。1958—1962 年的"二五"时期，由于受"左"的错误思想的指导，急于求成，忽视客观经济规律，盲目"跃进""赶超"，大刮"共产风""浮夸风"，导致农业生产力倒退到 1957 年以前的水平，工业生产力受到严重摧残，物资紧缺，物价上涨，人民群众备尝饥馑之苦。虽然在 1963—1965 年的经济调整时期，广东也曾出现全面复兴的好势头，但接踵而来的"文化大革命"使经济社会发展遭受更为长期、严重的劫难。由于实行"以阶级斗争为纲""以粮为纲"和"备战、备荒"的方针，长期推行闭关锁国政策，经济建设并未被重视，农业方面的精力主要集中在生产供给日常的基础粮食（如大麦、小麦和水稻）上，工业方面则偏重于重工业发展和一些服务于粮食生产的轻工业，发展不平衡程度严重，第三产业特别是商业由于受到国家长期实行生活资料配给制的影响而基本陷入停滞，导致国民经济比例严重失调。而十年"文革"造成的国民经济倒退，导致了人民的物质生活水平出现了下降，且精神生活也由于物质条件的不允许而极度贫乏。总之，持续 20 年之久的"左"倾错误和接二连三的政治运动，广东的经济发展陷入停滞甚至倒退，这种影响是巨大的。

一是经济发展缓慢，人民生活长期得不到应有的改善。中华人民共和国成立后的 30 年，由于我国台湾地区仍然被国民党占据，处于沿海的广东成了备战第一线，随时准备打仗，一直不是国家投资的重点地区，加之国民党海军对沿海的封锁，依托海洋的运输和生产无从进行，广东的重点建设项目，无论是省内自建还是国家批建，都相较内地省份少。"三线"建设①时期，广州、汕头等沿海城市的一批骨干企业被迁往江西等地，削弱了广东工业的自我更新和自我发展能力。导致了除轻工业发展较快外，广东基本上是以农业为主，而又由于"左"倾错误强调"政治挂帅"，不抓生产，不抓经济，"停工停产闹

---

① "三线"建设，是中国自 1964 年起，在国家中西部地区的十三个省和自治区进行的一场以战备为核心目的的大规模国防、科技、工业和交通基本设施建设；其建设理念是在一线地区不建设或少建设，而在三线地区大规模建设。广东属于三线中的一线地区，建设项目极少。其小三线地区是连江地区。

革命"，更使广东脆弱的经济雪上加霜。从 1953 年至 1978 年，全省国内生产总值年均增长 5.2%，人均国内生产总值年均增长仅为 3%，均低于全国平均增长水平。社会经济十分落后，人民生活并没有多大改善。全省人均年分配水平长期在 60 元徘徊。而在粤北、粤东一些贫困山区，农民的日子更加窘迫。他们吃不饱，穿不暖，一家几口共用一床被子。家里的全部家当，就是一张床、一口锅，加上几件破旧衣服，一根扁担就可以全部挑走。即便在素有鱼米之乡美称的东莞县（现东莞市），1978 年，90 多万农村人口年人均收入也仅 193 元，在一些落后社队，农民辛辛苦苦劳动一天只值 2 毛 8 分钱，连起码的温饱问题也难以满足和解决。

二是社会主义制度的优越性和党的执政地位受到质疑和挑战。1978 年以前，广东各地虽然不停地搞各种各样的社会主义教育运动，但结果是越搞越穷，一个劳动日几分钱、几角钱，群众并没有从自己的切身利益中看到社会主义好在哪里，明里暗里对"无限歌颂"的社会主义制度产生了疑问。而和广东山水相连、当时却在港英管治之下的资本主义香港却以其繁荣和富裕强烈地吸引着极端贫困的广东人，边防前线成为偷渡逃港前沿。广东边境一些公社、农村呈现出"枯藤绕老树，白发唱黄鸡。青壮逃港去，禾稻无人收"的荒凉景象。偷渡的根本原因是粤港两地的经济发展水平差距太大。"广东人仰望香港，心中充满苦楚。那些香港人不但比自己富有，而且社会地位亦高。广东人很难相信，香港的成功是有赖于勤劳和美德。不过，至少他们已不再自傲，而且不得不接受事实真相，他们相应地也开始向香港的亲友们求助。"在边界封锁的情况下，偷渡外逃成了迫不得已的选择。

如此众多的广东人背井离乡，甘冒生命危险逃港，不仅使大量精壮劳动力走失，田地荒芜，经济蒙受损失，而且还使人们对社会主义理想和信念发生动摇，党的形象和威信受到极大削弱。虽然中央和地方始终保持着高压状态，严防死守，但是偷渡之风却愈演愈烈，地方堵不胜堵，部队防不胜防。1977 年 11 月，集体逃港被视为恶性政治事件捅到刚刚复出的邓小平面前。据电视文献片《小平十章》披露，邓小平在听取广东领导汇报逃港问题时，突然插话说："这是我们的政策有问题。"紧接着他又说："这件事不是部队能够管得了的！"这番话耐人寻味，使广东的领导颇有所悟。①

三是痛失发展经济的良机。机遇，千载难逢，稍纵即逝。抓住机遇，就赢得主动；丧失机遇，就全盘被动。广东在社会主义革命和建设时期最令人惋惜的损失是耽误了 20 年大好时光。中国非但没有"赶英超美"，而且被不少原本也同样落后的周边国家和地区甩在后面。当广东关门打"内战"、全民闹"革命"反复折腾的时候，西方资本主义世界迎来了经济发展的"黄金时代"，中国的周边国家和地区，尤其是和广东有着同样地理位置、同样文化背景，在 20 世纪 50 年代经济发展水平和广东相当的"亚洲四小龙"，也抓住世界新技术革命的机遇以及较为宽松的国际贸易环境，纷纷实现了腾飞，跻身经济发展最具活力的国家和地区之列。

大体说来，改革开放前，广东经济在全国居中下游水平，全省主要经济指标增长速度处于全国平均线以下，在国家发展大局中无足轻重。1978 年，GDP185 亿元，排在全国各省区市第 7 位；全省人均国内生产总值为 365 元（当年价），低于全国平均水平 12 元；人均工业总产值 395 元（当年价），低于全国平均水平 45 元；财政收入 39 亿元，排在全国各省区市第 8 位。②

广东，在此关头，不得不先行一步。

---

① 逃港事件的历史参考了 2016 年 6 月 29 日的《南方日报》——《百年追梦·老一辈革命家在广东》。

② 广东省地方史志编纂委员会编：《广东省志·总述》，广东人民出版社 2004 年版。

第二章

经济特区的诞生

新事物的诞生永远不是一蹴而就，势必需要在特定的环境中孕育，在特别的时间段萌芽，才能在旧事物上产生，抑或取代旧事物。

经济特区的诞生，并不是由单纯的顶层设计突然地强加给地方的，相反，它是地方根据自身情况而提出的要求，在中央认可这种要求并对它能产生的效益抱有期望后，由中央统一安排，由地方具体执行。

而广东的经济特区，正是由于其落后的经济环境带来的迫切发展的需求，且试验失败所可能带来的损失相较于其他地区更小而让地方政府想设立，中央政府愿意设立。而推动经济特区设立的策源者，正是原籍广东的吴南生先生。

第一节　汕头成了策源地

1978 年 12 月，中共十一届三中全会在京召开。中央宣布把工作重点从"阶级斗争"转移到社会主义现代化建设和践行改革开放等一系列重大决策上来，并将改革开放正式确立为一项基本国策。而作为中国改革开放最早的窗口，并引领中国渐进开放的，是经济特区。

1979 年 1 月 16 日，广东省派吴南生、丁励松前往汕头地区宣传全会精神，协助市委拨乱反正，平反冤假错案。这对于吴南生来说，也是一次对家乡的探访。

当回到汕头时，故乡的一切却令人瞠目结舌：那些他所熟悉的楼房残旧不堪，摇摇欲坠。街道两旁，到处都是用竹子搭起来的横七竖八的竹棚，里面住满了成千上万的男男女女。城市公共设施道路不平，电灯不明，电话不灵，经常停电，夜里漆黑一片。市容环境卫生脏乱不堪，由于自来水管年久失修，下水道损坏严重，马路污水横流，有些人甚至把粪便往街上倒，臭气熏天。①

从地理位置上来看，汕头处在广东省的"头部"位置，素有"粤东之门户，华南之要冲"之美誉，因此其经济发展水平也已经优于其他地区。早在一百多年前，《共产党宣言》的作者之一恩格斯就称它是"远东惟一一座具有商业色彩的"城市。到了 20 世纪 30 年代，汕头发展之鼎盛，被冠以"小上海"之称。中华人民共和国成立初期，汕头商业持续繁荣，在当时，它的经济发展水平同香港相比差距并不大。然而，半甲子过去了，香港的发展势头不减，成了亚洲"四小龙"之一，汕头经济却停滞不前，甚至在走下坡路，满目凄凉之景尤为惹人唏嘘。

吴南生对家乡的处境十分痛心与愤慨："这比我们小孩子的时候还穷啊。如果有哪一个电影制片厂要拍摄国民党黑暗统治的镜头，就请到汕头来取背景。"在汕头的两天，吴南生寝食难安，一个问题一直缠绕着他："怎样才能让家乡的经济重新得到发展？"②

在吴南生为汕头之局面苦思而不得其门时，一位自新加坡返乡的华侨朋友提了一个相当具有政治风险的建议："你敢不敢办像台湾那样的出口加工区？敢不敢办像自由港这一类东西？如果敢办，那最快。你看新加坡、香港，它们的经济就是这样发展的！"

这一建议让吴南生为之一振。从当地资源考量，汕头确实有着众多海外侨胞的优势，海外投资相对没有侨胞基础的其他地区要更容易。而从已有成果例子来看，吴南生多年和香港商人打交道，目睹了香港作为国际港口城市，蒸蒸日上，将原本相距无几的汕头远远地甩到

---

① 引于吴南生先生的原话，刊于 2008 年 4 月 7 日的《南方日报》——《吴南生回忆改革开放艰难起步：如果要杀头　就杀我好啦》。

② 同上。

后面。

多番思索后，吴南生向广东省委发了一份长达1300字的电报，写道："汕头解放前是我国重要港口之一，货物吞吐量最高年达400万吨，海上客运35万人。汕头地区劳动力多，生产潜力很大，对外贸易、来料加工等条件很好，只要认真落实政策、调动内外积极因素，同时打破条条框框，下放一些权力，让我们放手大干，这个地区生产形势、生活各困难、各方面工作长期被动的局面，三五年内可以从根本上扭转。我们已拟定了一个初步意见，代报省委研究。"①

省委在收到提议后立即组织调研小组前往汕头、深圳、珠海进行实地考察。考察之后，省委发现确实有发展空间。但是最开始给吴南生的回复是：深圳、珠海毗邻香港、澳门，有着天然的地理优势，办出口贸易区尚可行。然而由于资源有限，能不能让深圳、珠海先办，汕头先缓缓？面对这样的答复，吴南生的态度是：如果不搞汕头贸易加工区，那吴南生也不负责了。习仲勋一锤定音：要搞，深圳、珠海、汕头都搞，整个广东一起搞。

第二节　国家寻找突破口

1978年新春，原中央书记处书记、国务院副总理谷牧委派赴港澳经济贸易考察组。他们来到宝安、珠海，制订了生产和出口的年度计划和三五年规划。考察的目的很明确：探索弹丸之地的港澳经济飞速发展的奥秘，借鉴"亚洲四小龙"经济腾飞的经验。②

5月，原中央纪委副主席李人俊到宝安调查研究，传达到中央的批示："无论如何要把宝安和珠海建设好。不建设好就是死了也不甘心。"

几乎与此同时，5月初，谷牧亲自带领一个由30余人组成的中国

①　卢荻、陈枫：《经济特区是怎样"杀出一条血路来"的》，《南方日报》2008年4月7日第A03版。

②　卢荻、杨建、陈宪宇编著：《广东改革开放发展史》，中共党史出版社2001年版。

对外经济代表团，出访法国、西德、瑞士、丹麦、比利时西欧五国。出访前，邓小平指示谷牧等人，要"广泛接触，详细调查，深入研究些问题"。

去港澳的考察组回京后，写了《港澳经济考察报告》：可借鉴港澳的经验，把靠近港澳的广东宝安、珠海划为出口基地，力争经过三五年努力，在内地建设成具有相当水平的对外生产基地、加工基地和吸引港澳同胞的游览区。中共中央、国务院"总的同意"，并要求"说干就干，把它办起来"。创办经济特区的思想开始萌芽。

中央的一系列考察，似乎已经在酝酿着什么。到了 1979 年上半年，各个地方对改革体制、引进开放、活跃经济的话题已经开始展开讨论。尤其是毗邻港澳的广东沿海一带，憋着一股劲，想借助似乎触手可及的外部条件，加快生产力发展，希望在经济上取得突破。

文件下达不久，珠海这边便接到来自省里的电话，说接到中央的指示，要求珠海着手做"加强引进和试办特区"的规划。得知这个消息，珠海当即成立了一个关于筹建特区的调查组。调查组主要研究边境群众经济生活、同澳门的民间经济联系、服务行业的潜力、本地资源和已有的社会生产力等问题。随着工作的展开，这个小渔村的潜力显露出来。

1979 年 4 月在北京召开的工作会议上，习仲勋提出，希望中央给点权，不要管得那么死，放手让广东先把经济搞上去。这个话得到当时与会的各个省领导的支持。当时的安徽第一书记万里说："你们先搞，我们支持你，这个不仅是中央的要求，广东先提出来，广东有条件，有人缘，有地势的优势，可以提出这个。"

邓小平非常同意广东先行一步，深圳、珠海、汕头创建贸易合作区的设想，当他听说贸易合作区的名称还悬而未决，大家意见不一致时，深思熟虑后说："还是叫特区好，陕甘宁开始就叫特区嘛。"

1979 年 5 月中旬，谷牧来到珠海了解工作进程。在谈到珠海未来的发展方向时，陪谷牧来珠海的刘田夫表达了往工业方面发展的看法：

"我们的稀有金属、有色金属有优势。铜、铝、锌很多,可以搞加工。沿海钛矿、独居石也很多。"谷牧当即表达:"你们要有雄心壮志,不要仅仅看短期的,还要看长远地发展什么工业,有什么可以超过港澳的? 也许在本世纪末,你们深圳、珠海同港澳会联结在一起,成了一个大工业区。你们是祖国宽阔后方的咽喉,是港澳的后盾。港澳要靠你们的。"①

强烈憧憬和几许焦躁,终于,在 1979 年 7 月中旬,盼来了从北京下达的两纸关于创建经济特区的报告。这个被称为"50 号文"的文件上写着:"关于出口特区,可现在深圳、珠海两市试办,取得经验后,再考虑在厦门、汕头设置的问题。"

9 月,谷牧来到广州,在听完珠海市委的综合工作报告后,谷牧为珠海总结出四条特区未来发展的方向:一是吸收、利用外资,二是以市场调节经济活动,三是对前来投资的外商进行税收便利,四是在管理体制方面"跳到现行体制之外"②。这简明扼要的四句给当时正处于摸索期中的珠海来说无疑是莫大的鼓励。

国际经验,地域条件,来自北京的默许,当时的特区建设已是箭在弦上。1980 年清明节叶剑英前往珠海视察特区筹建工作。4 个月后,叶剑英亲自主持第五届全国人大常委会第 15 次会议,批准《广东省经济特区条例》,并授权广东、福建两省人民代表大会制定所属经济特区的各项单行经济法规。深圳、珠海、汕头正式开启了经济特区的建设工作。

第三节　经济特区成立了

广东、福建两省实施特殊政策、灵活措施,试办出口特区的实践,很快取得了显著成绩,同时也使大家的认识逐渐深化。两省的同志们

---

① 珠海市志编纂委员会编:《珠海市志 1979—2000》,广东人民出版社 2013 年版。
② 发展方向的内容来自 1986 年 1 月 5 日经济特区工作会议上谷牧同志的讲话。

认为，出口特区作为改革开放的产物，理所当然要广泛利用外资，引进先进的生产技术，达到发展生产、振兴经济的目的。但仅限于这一点，还不足以承担我国对外开放先行先试的重任。在中国960万平方公里的土地上，特区所占的面积很小很小，即使特区经济发展了，每年能为国家赚十亿、几十亿元外汇，但对整个国家来说，也只是杯水车薪。再从解决就业问题来看，办出口特区，确实可以解决一部分人的劳动就业问题。可是，中国有十亿人口，特区就是能解决一二百万人口的就业，对整个国家来说，也还是无济于事。因此，他们设想，特区应该既是一个生产基地，又是一个"窗口"、一个"试验场"。中国能够通过这个"窗口"观察世界的经济形势、科学技术、市场供求的发展变化，引进、学习和向内地转移别国的先进技术和经营管理经验，为全国提供可资借鉴的有益经验。特区还应该是一个培养和向内地输送人才的"大学校"。1980年3月24日，中共中央决定把"出口特区"定名为"经济特区"，并指示广东应先集中力量把深圳特区建设好，其次是珠海。

5月16日，中共中央以中发〔1980〕41号文件批转了这一纪要。中央批示指出，一年来的实践证明，中央决定广东、福建两省在对外经济活动中，实行特殊政策和灵活措施是正确的。两省工作有很大进展，成绩是显著的。根据两省的有利条件，党中央和国务院批示：决定在广东省的深圳市、珠海市、汕头市和福建省的厦门市各划出一定范围试办经济特区。经济特区的管理，在坚持四项基本原则和不损害主权的条件下，可以采取与内地不同的体制和政策。由于全国的经济体制还没有做大的改革，广东、福建两省在试行新体制的过程中，出现一些问题是难免的，这是前进中的矛盾。我们的任务就是认真、及时地总结经验，研究新情况，解决新问题。中央认为，这次会议总结的经验和提出的措施是可行的，要认真贯彻落实。广东、福建两省进行经济体制改革，不但有利于加快两省经济的发展，而且有利于全国的经济体制改革。文件指出，必须采取既积极又稳妥的方针，抓好特区建设。将"出口特区"这个名称，改为具有更丰富内涵的"经济特区"。特区采取与内地不同的管理体制和政策，特区主要是实行市场调节，为了吸引侨商、外商投资，所得税、土地使用费、工资可以略低于港澳。这就明确了经济特区的建设以吸收利用外资和市场调节为主。要求广东集中力量把深圳特区办好。

1979 年 8 月，《广东省经济特区条例》（以下简称《条例》）的起草工作开始，经过一个多月夜以继日的工作，《条例》的初稿终于完成。除将初稿送交省委审定外，起草者还与一些香港知名人士开会座谈，听取意见。与会人士提出了许多尖锐的批评意见。大部分人认为，《条例》的起草者思想还不够解放，对投资者怀有太多的戒备心理，唯恐国门打开之后，外商来多了管不住。因此《条例》中有很多这样的规定：不得这样，不得那样，应该怎样。有人说得不客气：这不是一个欢迎、鼓励外商投资的《条例》，而是一个怎样限制投资者的《条例》。这些中肯的批评意见，使《条例》起草者深受启发，对投资者，包括港澳台同胞、海外侨胞，正确的态度应该是：一要让他们赚钱，二才是爱国，不能要求人家第一是爱国，第二才是赚钱。于是，又着手重新修改《条例》。在这期间，党中央、国务院对《条例》的起草工作十分关注，谷牧同志多次亲自给予指导，中央的几位领导人也就特区的发展方向、经营方针、管理体制和经济立法等问题提出了指导性意见。1979 年 12 月 27 日，广东省五届人大二次会议原则通过了《广东省经济特区条例（草案）》。之后，广东省特区筹备组根据谷牧副总理和国务院工作组的意见，再次对《条例》做认真修改。就这样，边征求意见边修改，前后草拟了 13 稿，并于 1980 年 4 月 14 日提请广东省人大常委会审议。

1980 年 8 月 26 日，第五届全国人民代表大会常务委员会第十五次会议批准了广东省人民代表大会通过的《广东省经济特区条例》，这是国家有关经济特区的首部法规。《广东省经济特区条例》通过的消息，传回到刚刚成立不久的深圳市，人们沸腾了，他们燃起爆竹，尽情地庆祝。爆竹的声响也飘向深圳河的对岸，引起香港人的关注。

至此，中国经济特区正式通过立法的程序，中国第一个经济特区——深圳经济特区诞生了。一年多前中央批准的是"出口特区"，而今正式通过立法程序的则是"经济特区"，两字之差，反映了人们的思想更加解放、改革开放的步伐明显加快。

第 三 章

深圳的实验

　　1979 年年初，时任香港招商局副董事长的袁庚等招商局第一批创业者来到蛇口，开始了大胆探索：最早按照国际惯例与初创的社会主义市场经济运作的机制；最早更新价值观念、时间观念、人才观念；最早成功地建立健全劳动用工制、干部聘用制、薪酬分配制、住房制度、社会保险制、工程招标制及企业股份制。

　　与"深圳速度"相提并论的是"蛇口模式"，"蛇口模式"是蛇口工业区深化改革、加快发展的象征；从 1979 年 10 月起，蛇口工业区实行工资制度改革，"4 分钱奖金"风波牵动中南海，由此引发了分配制度改革；蛇口率先推行的工程招标，拉开了深圳市基建体制改革的序幕，为中国基建体制改革起到了先锋和探路者的作用；在全国首次实行人才公开招聘，不仅输送了专业人才，还输送了一批政治精英；1981 年蛇口工业区第一批职工住宅水湾头 B 区四栋楼竣工，职工们喜迁新居，由此迈出了全国住房制度改革的第一步。

第一节　蛇口工业区

　　1979 年，有一位老人在中国的南海边画了一个圈。

　　1979 年 7 月 8 日，由中国招商局投资开发建设的蛇口工业区基础工程正式破土动工，占地面积约 9 平方公里，位于深圳市南头半岛南侧。炸山取土的那一炮炸出了 25 万方的土石，隆隆的炮声也正式掀开了中国改革开放的历史大幕。

经过 13 年艰辛的探索和耕耘,蛇口由不毛之地变成一个繁荣的现代化工业城市和港口,完成了从一条蛇到一条龙的蜕变。时至今日,随蛇口工业区建设而起的浮法玻璃厂仍然在风中矗立。而新近改建,耗资 600 亿元落成的海上世界,正在逐步让蛇口褪去工业区的历史痕迹。由博物馆、艺术中心、滨海公园等组成的新式建筑群落,展现在我们面前的是一个全新的繁荣的大都市生活景象。1980 年至 1981 年,蛇口工业区的工业总产值一直为零,而在 1991 年却达 43 亿元。到 1991 年,蛇口工业区累计有 382 个协议项目,累计有 6.3 亿美元的协议投资,产品 70% 以上都用于出口,工业全员劳动生产率在全国处于领先水平。港口、商业贸易、金融保险、房地产、文化教育、旅游、体育卫生等事业也得到蓬勃发展。这一切都令人难以想象,在近 40 年前,这里还曾经是一片荒芜的小渔村。

"蛇口模式",有时又被人们称为"蛇口方式",其最早定义主要为从蛇口的发展运营方式总结而来的一种强调政企关系的模式,即在社会主义国家中,政府把一个规划中决定建设的新区(通常是原本基础较薄弱的贫困落后地区),全权委托给一家企业(主要为大型国营企业)去开发、建设和经营。下文所指的"蛇口模式"是其中最原始的范畴,即仅指深圳蛇口工业区港口建设发展的模式。

20 世纪 80 年代,蛇口模式在广东沿海出现并不是偶然。经历"文化大革命"的空前浩劫之后,人们逐渐清醒地认识到,以前从苏联生搬硬套来的那种生产模式对中国社会并无多大益处,只有进行彻底的改革,才能充分发挥社会主义的优越性,促进社会生产力的发展。然而中国又是一个贫穷的大国,各地区的经济基础各不相同,因此在全国范围内齐头并进的改革是不可能的,只能先在局部地区试验并取得成功经验,再推而广之、影响全国。蛇口模式就是局部试验的一颗明珠。

1978 年 12 月 21—23 日,袁庚派金石等人组成考察组,实地考察蛇口、沙头角、大鹏湾三个公社,在 24 日就正式选定蛇口公社作为建设招商局的工业区。

和其他地区相比，蛇口率先突破的客观条件很多。

首先，蛇口原本是个贫穷的小渔村，虽然基础极其薄弱，但同时旧体制造成的历史包袱也较少，使得大批新移民来这里开发时所碰到的阻力较小，新体制也更容易植根。

其次，蛇口与香港仅一水之隔。香港是世界著名的金融中心、商业中心、航运中心和信息中心，能为蛇口的改革和发展提供经验和市场。

再次，招商局的正确决策十分重要。作为我国驻港三大中资企业之一，招商局有悠久历史和良好信誉，对于中国原有体制的认识比较客观，较能采纳现代化建设的新观念。为了领导工业区的基建工程，招商局在开发初期就成立了一个事权集中、办事高效的建设指挥部。建设指挥部落实了任人唯贤的原则，不以干部的行政级别为准，这为工业区的政治体制改革和经济体制改革奠定了基础。

最后，蛇口位于南海一角，占地面积较小，即使错了也不会影响大局，有利于放开思想大胆试验。最主要的是中央给了蛇口较多的自主权，让它有信心有勇气先行一步，独立自主地解决自己的问题。

蛇口工业区的经济发展方针是"三个为主""六不引进"，即产业结构以工业为主，投资以外资为主，产品以出口为主；来料加工、补偿贸易、技术落后、污染环境、占用国家出口配额、劳动密集型的项目概不引进。这为工业区确立了一个生产型和外向型的经济基础。通过引进外资，蛇口工业区建立了一大批中外合资企业以及外商独资企业，突破原有的行政依附型的企业模式，而建立充满活力的企业制度。外资企业为招商局蛇口工业区的直属企业、内敛公有制企业提供了示范，使它们逐渐建立起自我约束和竞争的机制，抛弃过往依靠政府扶持、只注重外延型发展的弱点，成为充分挖掘内部潜力、敢于迎接市场竞争的强者。

企业制度的改革为其他社会改革开辟了一条大路，在内地艰难进行的价格、工资、住房、福利、劳动制度等方面的改革，在这里却迎刃而解；按劳分配原则和价值法则在这里恢复话语权；生产要素在这里可以自由选择、等价交换、合理配置。

蛇口工业区为发展工业需要进行的港口建设和配套社区建设是一个边规划、边建设、边运营的发展过程，这个过程中的每个环节都互相关联，港口的进出口需要配合工业区的建设和工厂生产的原料及产品的运输，住宅社区的配套建设需要配合工业区发展的人力配置，酒店、餐厅、商场等商业设施需要配合发展的需求。在资金紧张、经验不足、人员缺乏等各种条件下，实现港、产、城联动，依赖的是高效的统筹与管理，这是港口的"蛇口模式"核心价值所在。

"蛇口模式"的三个层次，基本建设、经济体制改革、政治体制改革，互相渗透、互相促进，形成了一种比较完整和稳定的社会架构：指挥中心由人民选举产生并受到人民信任，办事效率高；企业法人和职工群众按照经济规律独立运行，有条不紊；有别于以往复杂的"大锅饭"关系，企业和个人之间拥有的是一种产权明确、简单透明的新型合作关系。这样的一种社会主义架构很好地符合中央提出的改革大方向，并与当代国际市场对接。

第二节　效率就是生命

1980 年，为加快蛇口港施工进度，蛇口招商局决定在工地实行奖励制度，因而在社会上引起了一场争论。也由于这次争论的启发，时任蛇口管委会主任的袁庚提出了"时间就是金钱，效率就是生命"的口号，并以此鼓励工人，加快推进蛇口工业区的建设。但是，这种口号的提出，无疑是激起轩然大波的巨石，立刻遭到管委会部分人员的强烈反对。十年"文革"留下的余威犹在，如此带有资本主义色彩的口号，潜藏的巨大的政治风险是无法忽视的，但袁庚却仍然力排众议地"一意孤行"。1981 年年底，一块写着"时间就是金钱，效率就是生命"的巨型标语牌在蛇口工业区最显眼的蛇口码头①处拔地而起。

---

① 也就是现在的时代广场。

蛇口春雷，响彻全国。

"时间就是金钱，效率就是生命"，这是自改革开放以来最响亮的口号，被誉为"冲破思想禁锢的第一声春雷"。那块当年立在蛇口工业区马路边的标语牌，虽然现在已被送入博物馆作为那段历史的见证物，但在当时，却被认为是"资本主义复辟"的标志。

据袁庚回忆，这个被作为改革开放最鲜明代表的标语，他也仅仅是应景吟旧词，是一次香港之行之后诞生的灵感：1978 年 10 月，袁庚前往香港，为招商局办理一栋大楼的购买手续，"和香港老板约在周五下午 2 时在一律师楼交付买楼的 2000 万港币定金，招商局的人带着支票到了律师楼，卖楼方亦来了，楼下有几辆汽车停在那里，汽车的发动机都没有熄，一上楼，大家马上办手续，交钱、签字，对方拿着支票就走了，原来他们为了赶在周五下午 3 时之前把支票存进银行，2000 万港币的支票按当时浮动利息 14 厘计算，3 天就是几万港币的利息收入。否则拖至下周一再存进银行，就会损失几万港币"。"时间就是金钱，这是我在香港上的第一课。"

而谈到"效率就是生命"时，袁庚又娓娓道来一段经历："这个更厉害。我们有两个修船厂，别人同样的修船厂，船一来，需要多少钢铁马上计算好，什么东西好像两下子就搞好，一拍手好像就能收到钱。而我们的修船厂敲敲打打，什么时候修好根本不清楚。这种效率怎么和人家比？当时国企职工脑子里根本就没有效率观念。"其实这句口号还有后两句，袁庚称当时很胆怯未敢说出来，但口头传达了下去，就是"安全就是法律，顾客就是皇帝"①。

口号提出来后，袁庚感受到了外部强大的压力，他也开始就这个问题求教一些领导和专家，希望得到正面支持。1983 年下半年，袁庚在与谷牧副总理谈起这个口号时说："我是准备戴'帽子'的，有人说是资本主义的东西。"谷牧笑而不答。1984 年 1 月 26 日，邓小平同

---

①　这段经历参考了《深圳蛇口：那些难忘的"春天的故事"》，2008 年 12 月 24 日，央视网（http：//news. cctv. com/china/20081224/100642. shtml）。

志视察蛇口。在"海上世界"游船上，袁庚斗胆向邓小平提起这个敏感的话题。邓小平同志随之做了肯定的答复："对。"袁庚总算吃了一颗定心丸。

1984 年 2 月 24 日，邓小平同志在与中央领导谈话时，有这样一段寓意深刻的话："深圳的建设速度相当快……深圳的蛇口工业区更快，原因是给了他们一点权利，500 万美元以下的开支可以自己做主，他们的口号是'时间就是金钱，效率就是生命'。"

1984 年国庆，首都北京举行了盛大的阅兵式和群众游行。深圳有两辆彩车参加了游行，蛇口工业区彩车上"时间就是金钱，效率就是生命"的口号，继得到小平同志的肯定和赞许后，从天安门广场响遍大江南北，成为全国人民务实创新搞改革，争分夺秒图发展的强大精神动力，被誉为"冲破思想禁锢的第一声春雷"。

第三节　基建市场化改革

1981 年，香港中发大同公司与深圳房地产公司联合在罗湖区兴建第一幢高层商业楼宇——国商大厦。深圳市政府敢于冒很大风险在全国第一个推出工程"招标投标"方案，并实施重奖重罚：工期提前一天奖励港币 1 万元，反之则罚款 1 万元。

中标的中国冶金建筑一公司面对巨大压力，别无选择，狠下决心破除铁板一块的传统"大锅饭"管理体制，在企业内部全面推行承包经营责任制，实行层层承包，责任直接落实到班、组、人。

奇迹出现了：承包前 25 天才盖一层楼，承包后仅用 8 天就盖一层楼。结果，国商大厦提前 94 天竣工，冶建一公司也如数领到了 94 万元港币的奖金。深圳人用幽默的语言概括说："奖金不封顶，大楼快封顶；奖金一封顶，大楼封不了顶。"

如果说国商大厦 8 天一层楼的速度是一个巨大的惊喜，那么国贸大厦则是创造了改革开放的神话——"三天一层楼"的"深圳速度"，彰显了深圳"敢闯敢试""敢为天下先"的特区精神；它见证了邓小平南方谈话，是中国改革开放史上一个重要的时代符号。

20世纪80年代，中建三局认为国贸大厦是深圳经济特区的标志性建筑，是足以载入史册的工程，于是放弃了金城大厦工程，并以"滑模施工"中标国贸大厦工程。滑模工艺是指先用钢结构搭建模板，再往里浇灌水泥，等到水泥大体凝固，再往上提升模板。这种盖楼的方式虽然快，但如此大面积的滑模施工国内尚无先例，因此在项目实际试验中遭遇了数次失败。

随着工期一天天临近，再不开工，大厦将无法按期交付使用。"我们别无选择。只有通过滑模工艺才能创造效益，提升我们在建筑市场中的竞争实力和形象。"于是，时任中建三局局长的张恩沛顶住压力，在未请示上级的情况下，不惜以个人名义做担保，冒险用外汇券从香港采购了2个爬塔、3台混凝土输送泵和1台混凝土搅拌站。在新设备刚到的当天晚上，他们就连夜开展滑模试验。

从1983年6月到10月，中建三局整整进行了4个月的技术攻关。此后，国贸大厦工程建设就越干越顺，速度越来越快：第5楼至10楼，7天一层；第11楼至20楼，5天一层；第21楼至30楼，4天一层；到了30楼以上，进度达到了3天一层，最快是两天半一层！那时候，中央电视台《新闻联播》平均每周都会播发一条关于深圳的新闻报道，画面中最常出现的就是这座正在一天天长高的中国第一高楼。从那时起，"深圳速度"就在全国传开了。

"时间就是金钱，效率就是生命！"当时，深圳的大街小巷传遍了这个振聋发聩的口号。改革创新是提高效率的法宝。中建三局彻底打破了"大锅饭"制度，实行计件工资。建设工人们的积极性被调动起来，拿到的工资最高时是600多元。

1984年4月30日，国贸大厦主楼封顶，比预计的工期整整提前了1个月；1984年9月3日，国贸大厦主体工程顺利完成；1985年年底，国贸大厦投入使用。当时深圳的建设正在快速推进中，国贸大厦成为深圳如火如荼城市建设的一个典型，被广为宣传。

国贸大厦创下了中国的数个"第一"。它是中国建筑史上第一栋超高层建筑，创造了建筑史上新纪录；它是中国最早实行招标的建筑工程，在国内率先大面积运用滑模施工，创下了举世闻名的"深圳速度"。

第四节　劳动力市场化改革

从完成社会主义改造到改革开放的 20 年间，我国长期实行的是计划经济体制。而当时"计划"的默认规则即是披着"按劳分配"外衣的"平均主义"。分配制度，主要是按级别工资和资历工资进行分配。这就意味着，级别越高，工资越高，资历越老，工资越高。这种分配制度的理论依据是建立在马克思的剩余价值理论上的，逻辑通俗来讲就是：干部级别越高，说明其责任越重，于是按照"多劳多得"的分配原则，工资也就越高。然而当这种工资和级别、资历的绝对等价关系一旦建立，熬资历拿薪酬、仰仗"铁饭碗"不顾工作效率的现象便成为痼疾。用当时民间盛行的一句话来概括，就是"干好干坏一个样，干与不干人人有份"。

具体体现在人事制度上，就是雷打不动的"两个计划"：企业雇用工人人数按计划、企业工资总额按计划。在极端平均主义的计划下，很容易便造成了企业吃国家的大锅饭，职工吃企业的大锅饭，各个层级因为没有奖惩差异而丧失经济效率。

"我是上世纪 70 年代进入劳动部门工作的，那时候，计划处是老大，工资处就是老二，许多人想进这个部门还进不来。"广东省劳动保障厅新闻发言人、处级调研员张祥回忆。

然而当时人们趋之若鹜的工资处，在之后的 10 余年里经历了地位不断下沉的变迁，直到"老五老六也算不上了"，以至于自由分配的风在全国各地穿行。而最开始让那个密不透风的"铁饭碗"透开一条缝的是特区深圳。

1979 年，深圳经济特区的蛇口工业园区还正在大兴土木。开创初期，蛇口工业园区通过"五通一平"建立深圳的基础设施。所谓"五通一平"，即通水、通电、通路、通信、通气和平整场地。在那个年代，从零到一的基础设施建设最缺的不是精细的工程计划，不是精密的技术，而是劳动力。正是劳动力，或者说有效劳动力的匮乏和建设者急于在特区建出一番天地的那股劲儿，引发了所谓"四分钱惊动中南海"的故事。

1979 年 7 月 20 日，蛇口工业区正式启动。不少人从各个地方赶来投身建设，但一开始工人的干劲一直不高。在当时在建的五湾码头后方堆场施工中，要清理大量的淤泥，还要填石渣和开山土。清理污泥是又累又脏的活，而工作又毫无激励可言，工人们按部就班地工作，工程进程十分缓慢。以当时的工人数量和工作效率，在计划中完成工程几乎是不可能了。就在这时，码头的建设者阮祥发，提出一个十分大胆的想法——为了加快工程进度，对负责在土石方施工的机械队实行计件奖励，规定每人每个工作日劳动定额运泥 55 车，完成这一定额每车奖励 2 分钱，超过这一定额每车奖励 4 分钱。

宏观来看，这种构想在当时"工人要调动必须经过劳动局批准，单位要给工人涨一元钱工资也要劳动局下红头文件"的制度背景下显得尤为离经叛道，但效果却是惊人的好。开始实施后，工地上呈现出截然不同的画面，工人们干劲大增，一般每人每个工作日运泥达 80 车至 90 车，干劲大的甚至达 131 车，都远远超出了定额。据说在当时，全国在奖金上的一般性规定是每月奖金不能超过工资的 4 倍，员工每个月一般也就拿到 30 元的奖金，而实行了"定额超产奖励制度"之后，五湾码头有的工地司机一个月的奖金收入可以达到 100 余元。①

然而这种做法很快为特区引来了外界的讨论，不少人指责这种行为"闯红灯"。1980 年 4 月，码头施工场便接到了地方部门"立即停止这一奖励制度"的指示。这项奖励措施停止执行之后，施工场又回到了之前的图景——工人每天只愿意完成规定的定额，没人愿意在完成定额后多拉一车泥，多搬一块砖，工地的施工进程又慢了下来。得

---

① 广东省档案馆编：《广东改革开放先行者口述实录》，广东人民出版社 2008 年版。

知这个消息，当时出任蛇口工业区建设指挥部总指挥的袁庚立即请来新华社记者写内参，并直接送到胡耀邦的案头，为了"四分钱"的奖金直接上书中南海。几分钟后，中央便下达批示：某部、某局的规定，蛇口完全可以不执行。得知这个消息，五湾口码头的施工单位立即恢复了之前的"定额超产奖励制度"，工地日均运泥量马上回升到100车，码头施工进程又重新回到轨道。五湾码头施工地的施工效率很快便声名在外，有的工地负责人还特意到工地上"观摩"，这一制度很快成为周围其他施工地的效法对象。

这一次关于工资制度的"四分钱"风波，破开了工资制度改革的风口。那个时候没人能想到，四分钱的边际收益竟能驱动工人效率的成倍增长。当时的五湾码头向蛇口工业区、广东省乃至全国传递了一个信号——宽松化的工资制度极可能对劳动力起到解放性的激励作用。沿着基本的经济思路推因，工资浮动意味着对工人的重新差异化定价，而"定额超产"将工人价格与工人的产出直接挂钩，一旦工资对劳动力的需求和供给都起到了调节作用，劳动力的市场化便由此开端。

以服务业为起步点，深圳推开了一系列与劳动力要素有关的制度改革，其中关系最紧的，就是工资制度改革和劳工制度改革。

特区工资制度改革最大的两个特点即简化和灵活化。所谓"简化"是指将原先冗杂的工资制度体系删繁就简；而"灵活化"则是指工资水平更灵活、工资形式更灵活，使工资真正起到价格的职能，有效调节逐步形成的劳动力市场。

工资制度的删繁就简经历了一个曲折的过程。很大程度上是因为现有工资制度过于庞杂。据统计，当时全国统一制定或中央授权地方制定的工资标准达300多种，加上每个标准中都有不同的地区系数，使整个工资关系十分复杂。当时的广东省也不例外，无论是国企还是外企，企业内部工资关系无法理顺。追本溯源，这种"乱"之所以造成工资制度的弊端，原因在于那些复杂的条条框框并非用来从效率上对员工进行精细的区分，相反，它们将一些与工作效率毫不相关的指标列入考核之中，造成职工同工不同酬。举个例子，有的职工干一样的工作，只因为从重工业调到轻工业，或从南方调到北方，工资待遇就不一样，企业也无权调整理顺，长此以往职工的生产积极性自然受到挫伤，整个工资体系就成为一个庞杂的枷锁一直以来约束着生产效率。

而灵活化则改善了工资管理集中过多，管理太死的问题。当时在大多数地区，企业高度集中统一的"计划"下，企业什么时候增加工资、奖金，增加多少，都由中央统一规定。要升一定要大家"并排前行"，不然就都不动。不管企业经营效益好坏，职工贡献大小，地方和企业都没有工资分配权。这种高度集中的体制，使工资分配越来越僵化，无法激发劳工的生产经营积极性。

工资制度的改革从企业自由分配权开始放起。改革开放前的"两个计划——企业雇用工人人数按计划、企业工资总额按计划"基本就框死了落在每个工人头上的工资，无论是国企还是外企都没有调整工资的自主权。

当时广东采用的企业工资总额的分配主要是以这七个标准来实行的：工资总额与上缴税利挂钩；工资总额与实现税利挂钩；工资总额与实物量挂钩；百元产值工资含量包干[①]；工资总额与实际工作量挂钩；商业服务企业可实行工资总额同销售额（或营业额）和上缴税利双挂钩；以出口创汇为主的企业，工资总额与创汇和上缴税利双挂钩。[②]

首先以外企为切入点，取消了直接发给个人的补贴，在涉外企业中的工资形式和发放办法，不做统一规定，由各企业根据自己的具体情况确定。因此，涉外企业中的工资形式五花八门，工资差别有大有小。但由于工资总额基本一致，因而职工的平均工资水平，大体上都在元的幅度以内，有的高一些，有的低一些。

自 1981 年 8 月起开始了一系列合并工种、扩增工资区类等制度的

---

① 百元产值工资含量包干是指把按人头核定工资总额改为按百元产值工资系数包干，使企业工资基金与生产经营成果直接挂钩的一种工资分配形式。

② 陈斯毅：《广东企业工资制度改革 30 年回顾与展望》，《广东经济》2009 年第 1 期。

实行。把国营企业原来的十一个工种，合并简化为四个工种特种工、一般重工、轻工和农林牧工，并对这四个工种实行了新的等级工资制；与此同时，把工资区类由七类改为十类。

"自主分配，国家征税"解决的就是企业层级和员工层级收入分配"平而死"的问题。

自从蛇口工业区取得"四分钱浮动工资"的成功经验之后，深圳市开始在各个企业下放"自主分配"工资的权利。也就是说，企业可以根据自己生产经营状况和劳动力供求关系，确定雇用的职工的工资水平，有权根据生产工作特点，采用适当的工资形式和分配方法。

所谓"国家征税"指对企业的工资分配，除了一些比较特殊的由国家直接进行管理的公益性企业以外，大多数企业主要通过工资税收和工资立法进行宏观管理，使企业的分配水平和分配方式大体趋于合理。从那个时候起，税收成为一种政府收入的固定途径，而更重要的是，税收和工资总额分配的双向控制机制，使得企业的工资水平与它的业绩直接相关，克服了工资分配在企业层面的平均主义的问题。

同时，为了解决企业内部分配"过死"的问题，深圳市鼓励企业打破以前"工资加一分钱都要上报红头文件"的桎梏，把员工的工资与员工绩效挂钩。

首先，最基础的是要把工资分配同职工劳动贡献挂起钩来。职工个人分配，基本工资要实行计件工资。做到多劳多得，少劳少得，拉开分配差距。实行承包经营的企业，要把承包指标层层分解，落实到每个车间、科室和班组。

"一些企业的劳资干部开始还不太适应，我们就反复开会，告诉大家企业内部分配自主的必要性，让他们大胆探索有效的分配方式。"广州市劳动保障局原工资处的一位老同志说。

但是，企业的工资结构在当时的广东还是引起了很大的争议。由八级工资制，要改变成含有奖励工资、补助工资的新结构，有些人认为不好控制了，还是劳动部门管起来好。当时，广东省劳动部门做了个专门规定：企业最高工资不能超过人均工资的 5 倍，但在实践中很快就突破了。

然而简单的按件计价的问题，也不是能解决所有工资分配的情形的。随着改革的推行，一些更复杂的因素逐渐被纳入考量当中，例如脑力劳动与体力劳动一样吗？复杂劳动与简单劳动怎么区分？繁重劳动与轻便劳动如何定价？等等，以及职工收入和经营者收入等各方面的关系问题。但也就是随着改革过程中的新问题的不断出现，工资制度改革才一步一步更加深入，"摸着石头过河"从浅滩到深潭。

改革开放初期，特区所面临的一大紧要问题，就是招商引资。那个时候刚刚创立的深圳特区希望通过招揽外商投资来引进技术、资金。而外商，尤其来自地域毗邻的香港的商人，同样受到内地低廉的地租、物、劳动力的吸引。然而与此同时，一些阻力也是真实存在的，在劳动制度方面的差异问题就尤其突出。那个时候，劳工由市劳动局统一调配，企业用工实行固定工制度，发工资执行国家等级工资制，职工劳动保险由企业自保，企业负责职工生老病死等待遇。只进不出的"铁饭碗"劳动制度和"大锅饭"工资制度在当时的内地城市实行这么多年，没有谁觉得奇怪。可唯独在急需引入外资的经济特区深圳，遭遇了困境。

一个最为人耳熟能详的例子，就是深圳竹园宾馆了。

竹园宾馆的诞生要追溯到 1980 年。那个时候深圳刚出台用土地、厂房和外商合作的政策。得知这个消息，一位叫刘天就的香港商人——"妙丽"集团的老板，在元旦当天就乘着车迫不及待地去深圳罗湖的市政府的临时办事处，向当时的市革委副主任李定说明来意：在深圳办宾馆，搞合作。市委得知后，立即组织开会讨论，当天下午便下达了项目批准书。自此，经济特区成立后深港合资的第一家宾馆诞生——竹园宾馆。

尽管刚开业时生意还不错，但好景不长，几个月后，住客越来越少，宾馆陆续接到抱怨，说服务员的服务态度和服务水平不好。刘先生自己也看在眼里，内地的服务员，就工作态度和工作观念方面和香港员工很不同。在香港，每天清理客房、保证房间没有异味是必需的，而内地的员工却很不情愿。而员工这边也很是不习惯，以往在国营的宾馆工作，按照计划工作要求，每十天半个月清理一次客房就可以了，而这位香港老板的要求却严苛许多。不仅如此，老板还要求女员工抹口红、时刻面带微笑，说是这样才能保证服务质量。保证质量和效率在那时的员工眼里是和工作关联性没那么强的，在他们眼里，完成条例里要求的工作，就算是尽了工作的"本分"了，微不微笑、抹不抹口红、鞠不鞠躬，每月底拿的工资是分毫不多分毫不少的，更别说影响到手里的饭碗了。而在这样的观念分歧下，合作已经是步履维艰了。很快，港商便打算撤资。

"劳动工资制度非改不可，不改就要把我的老本蚀光，改了的话，就能救了我的命。"刘天就只能向当时的深圳市委反映。政府着急了，将来这样的事可能还会发生。要想留住好不容易引来的外资，在劳工制度上的改革是迫在眉睫的。

当时广东省省厅领导和张文超为了这件事专程到深圳罗湖区调查，也觉得不改不行。"他建议实行合同制，让员工能进能出，称职就留下，否则就走人，用香港话来说就是'炒鱿鱼'。"当时的深圳市委在听了一系列调查小组的考察结果后，提议以竹园宾馆作为用工改革试点，先打破固定工制度，采用劳动合同制，并让企业享有用工自主权和工资分配自主权。

试行"职务工资加浮动工资"① 的新工资制度后，竹园宾馆浮动工资与各个部门的经济效益直接挂钩，"完成任务者升，完不成者扣"。新制度试行 1 年后，1982 年宾馆纯利比 1981 年翻一番。开业两年后香港董事会又再次追加投资，续建游乐服务设施，还将合作期从 15 年延长至 20 年。

"原来服务员对你爱理不理的，一到六点就下班，改革后管理发生了改变，效率高了，整个服务精神都不一样了。"改革的变化，服

---

① 参见《深圳特区报》1984 年 4 月 8 日第 A12 版。

务业的转变最为直接，苏挽球说，"关系到钱的改革是最难的，更何况全是新的东西，大家都不知道是什么东西，就这样开出一条路，一步一步，从研究、试点，再上升到规定、法律"，深圳乃至整个广东省的劳工制度，就是在这么一个"摸着石头过河"的探索过程中进行的。

自从竹园宾馆将内地港商合作的风口打开，陆续有港商来到深圳投资办厂、建楼。然而那个时候，外企对劳动力的吸引力远没有现在那么大。虽然外企的工资水平灵活一些，相对于国企工资水平也更高一点，然而还是有更多人愿意去国企，因为在当时的工资制度下进国企意味着得到"铁饭碗"，无论工作效率如何都能"旱涝保收"。

1980 年以后，不少人开始转变观念，越来越多的待业青年更愿意到与外资合营的企业而不愿到国营企业，原因是国营企业的工资制度仍旧是在原有基础上修修补补，始终没有从根本上改变劳工劳动低回报率的问题。各地城镇里正在寻找工作的和农村剩余劳动力开始涌向这些外资工厂，这些工厂用工需要一种与以前分配制、招工制完全不同的全新市场模式。

"劳动用工合同"于是就应运而生了。企业通过和员工签署合同来确立彼此的雇佣和被雇佣关系，并按照合同保证双方彼此正当的权益。以"劳动用工合同"。进入外资工厂的工人，也因此被称为"合同工"。1980 年 1 月，深圳市政府在得到中央的批准下，宣布在所有外资企业推行劳工合同制，国营企业是到 1982 年下半年开始推行的。

为了推行劳动合同制，同时又不给企业带来负担，深圳特区还规定，上缴市里的社会劳动保险基金，主要用于有的职工从被辞退之日起到重新就业止这一段时间的生活补贴和合同制工人退休后的退休金发放等，使工厂从"小社会"的圈子中解放出来，真正成为生产单位和独立的经济实体。

由此，也催生了劳工制度体系中另一个关键制度的建立——社会保险制度。

第五节　社会保险制度的建立

劳工合同制的推行也并非一路顺风顺水，虽然外企工资水平更高、更灵活，但对于潜在员工来说始终有个很大的焦虑，"不搞终身制，退休后没钱怎么办？"

当时被市委问到这个问题，投资竹园宾馆的港商刘天就，给出了一个提议：企业可以出钱，但政府应当成立一个部门来统一计算缴费标准和保管这笔钱，等到员工退休后，可到这个新部门领取养老金。

从现在的工资中定期扣出一部分，加上企业补贴的一部分，一起存在政府，到了员工退休的时候再分期发给员工。这样，即便不是终身制，退休之后依旧有保障。这也就是社会保险制度最早的思路雏形。

这个想法之所以在当时一被提出就立即找到土壤，与当时劳动力的条件也是极为相关的。当时处在建设初期的深圳经济特区，最需要的就是劳动力。在劳工合同制推广之前，特区的劳动力还是由国家调配的，根本不够支援深圳的建设。为了支持经济特区的建设，中央允许深圳引入其他城市"城镇待业人员和农村剩余劳动力"。于是在全国各地大规模的招工开始了，"深圳一下子来了 20 万人"。"20 万外来劳动力"听起来只是一个很大的数字，对当时社会保险制度的推行却有着很深远的意义。事实上，背井离乡来到深圳寻业的人员，比起已经在国营企业待上一段时间的职工来说，对新的制度接受度普遍要高。要么选择接受未知与不确定，要么选择固守本分和常规。而这个选择，在他们决定出发时就已经做好了。

然而最初收社会保险费的时候，还是免不了员工的一些疑虑的，本来工资就不高，现在又要扣出一笔钱，说是留到退休之后再发，可是未来的事情谁知道？缴这笔保险费划不划算，靠不靠谱？这些都是要政委挨个去做通大家的思想工作的。

据记录，虽然收取养老保险金的做法在劳工合同制实行不久后就开始了，但到了 1982 年 1 月，深圳市劳动局才成立全国首个社会保险机构，合同制职工保险科开始对那些外商投资企业实行社会保险基金统筹。而收取的第一笔劳动保险费也正是来自竹园宾馆，当时的标准为员工工资的 25%。①

1983 年，在保险科的基础上，市劳动局社会劳动保险公司成立。同年，《深圳市实行社会劳动保险暂行规定》颁发，对深圳市所有合同制职工实行退休基金统筹，开始探索建立养老保险制度。1985 年和1987 年，深圳市又分别在全民所有制单位和集体所有制单位实行退休基金统筹。

深圳市首位劳动局局长张文超曾回忆说："劳动保障部后来派了 7位专家来深圳考察，他们都认为这个办法很好，企业搞活了，工人的后顾之忧没了，劳动积极性也高了。这种做法后来在全国得以推广。"

至此，深圳市养老保险制度从最初只对合同制职工实行，推行到全体企业员工，一个社会化程度较高的新型养老保险制度初步建立。

---

① 参考了 2015 年 9 月 8 日的《南方日报》——《［特区改革记忆］"工资专家"率先砸破"铁饭碗"》。

第 四 章

珠海的实验

办经济特区前，珠海是一个以渔业为主、经济落后的边陲小县，工业基础薄弱，人民生活水平较低。1978 年，珠海工农业总产值不足 1 亿元，工业产值 4413 万元，地方财政收入 647 万元。

1978 年 9 月，当时还在广东省委工作的珠海第一任市委书记吴健民听说：国家计委和外贸部促成了一个经济贸易考察组进行深入细致的调查研究，考虑在拥有连接港澳的地理优势的宝安、珠海"兴办副食品基地"。经过系统的调查研究，考察组提出，选择宝安和珠海作为出口贸易基地。经过三五年的努力，把这两个县建设成为具有相当水平的工农业结合的生产基地和对外加工基地，成为吸引港澳游客的游览区和新型的边防城市。

1979 年 1 月，吴健民来到了珠海。正是在这一年的 1 月 23 日，中共广东省委通知珠海撤县建市。吴健民回忆说，当时广东省的通知是这样写的："为了加强对珠海地区的生产领导，建立出口基地，发展对外贸易，省委决定将珠海县改为珠海市建制。"

不久，省里便下来消息，要求组成以吴健民为市委书记的中共珠海市委员会，作为中共珠海市第一次党员代表大会前的领导机构。同年 3 月，国务院正式批复珠海撤县建市，11 月，广东省委决定把珠海市改为地区一级的直辖市。

"珠海要'变成'市？不会吧？"前珠海政协副主席唐榕达回忆 30 年前听说珠海要建市的消息时，不少人兴奋之余又生疑惑："很难吧？

这里完全是农村，怎么可能建出一个城市来？"唐榕达说，当时珠海人虽然有些疑惑，但都知道建市是一件大好事，至少说明中央、省委对珠海是重视的，珠海的地位也提升了。

当时人们对"游览区""新型城市"尚没有什么认识，领会最深的是通知中的第一点，就是要建好生产基地。唐榕达回忆，当时市里也没搞什么庆祝活动，只在香洲渔民大会堂召开了机关干部大会，宣布了建市的消息。

直到 1980 年 9 月，《广东省经济特区条例》颁发，珠海从小渔村正式走上经济特区建设的道路。

第一节　三把火

在珠海的首批建设者中，不得不提到首任市委书记吴健民了。

"1978 年的珠海，人口大约 15 万，总产值 8023 万元，财政收入 639 万元，农村人均收入 149 元。我去珠海后看到，县城香洲那里确实是一个荒僻的渔村，一条街道、一间粮站、一间工厂、一家饭店，是很真实的写照。那个时候，珠海同广州联系的交通条件很差，路面窄而不平，要过 4 次渡；同香港的海上联系，也是没有直通船，要到澳门去坐船。在这里拓荒建市，要咬紧牙关拼他几年。"珠海的首位拓荒者——市委书记吴健民在回忆当年初见珠海时，小渔村荒僻的图景还历历在目。而这样一幅图景的小渔村在吴健民眼里浮现着无限可能性。他就这样，带着一床棉被一路向南，扎根于此。

所谓新官上任三把火，从"澳门垃圾的处理""反偷渡斗争""边境小额贸易搞活经济"三把火铺开了特区建设的工作。

吴健民初到珠海时，当时让珠海甚是困扰的，不是别的，是澳门垃圾的处理。拱北往西向湾仔方向走，就是与澳门隔着一条小河和洼地的一个叫茂盛围的地方。几十年来，这里一直是澳门堆放垃圾的地方。珠海的居民眼看着如山的垃圾堆一天天向着这边延伸过来。茂盛围周遭的河水腐黑发臭，鱼虾绝迹，田地歉收。如此恶劣的环境，对珠海居民自然是影响不浅，然而更让人发愁的是，这个臭气熏天的洼地还是珠海经济收入来源之一。以前珠海成立了一个环境卫生处，专营垃圾买卖，从澳门收来的垃圾交给化工厂，就用来制作垃圾肥料。运垃圾的船来往于拱北与前山、湾仔、香洲、唐家，所过之处不免遗下垃圾，周围的居民苦不堪言。据数据统计，珠海每年通过这条途径倒卖的垃圾可收入 100 万元人民币。然而这笔收入为珠海带来的成本太高，吴健民当即在市常委组织了一次开会，讨论了是否要继续处理垃圾的问题，市委得出一致性意见："为搞经济牺牲了珠海特区的环境，太不值了"，于是做出决定：停止再接受搬运和处理澳门的垃圾。

　　然而，令吴健民辗转反侧的是，珠海这边停止回收垃圾了，但是澳门那边的垃圾还是越堆越多，污染并没有得到彻底的解决。为了这件事，吴健民反复与澳门那边协商，澳门能不能自己建一个垃圾处理厂？一开始澳门方觉得投入太大，不想干；直到1988年，通过正式会谈澳门那边才答应下来。垃圾厂建好后，吴健民继续敦促澳方将垃圾山进行无毒化的化工处理，盖上泥土种花种树，把垃圾堆逐渐改造成小花园。

　　事情虽然解决了，当时市里却起了议论，说这一下打烂了"100万的小饭碗"。针对这些议论，吴健民在干部大会上坚决表示"污染消除是我们开拓经济特区不可推卸的责任。我说如果我们建设特区却把珠海生态环境搞糟了，那是对人民犯罪的行为"。一下驱散了之前的风言风语。

　　偷渡，在当时的珠海是十分盛行的。

　　吴健民上任的第三把火，是关于边境小额贸易。吴健民渐渐意识到，要想发扬珠海沿海城市的地理优势，把边境贸易发展起来，珠海体制上存在很大的问题。那时候的珠海却囿于层层关卡和烦琐的手续，办事效率极低。刚到任不久，就有人风尘仆仆来找他谈渔业小额贸易和补偿贸易的问题，如果按照常规的手续，要经过十几个环节的审批，这就好比"人家介绍一个妙龄少女给你，按这种程序去迎娶，女孩都成白发苍苍的老太婆了"。吴健民更加明确了，珠海要想建成一个经济意义上的港口城市，大刀阔斧地简化办事流程是必不可少的。

毗邻港澳，就注定了澳门天然的地理优势。发展对外加工装配任务。那个时候，港澳的地价已经进入飞涨阶段，生产要素价格飞速增长，香港澳门当地的商人，才起步没多久的，不堪重负；把生意做上了一定规模的，又想压低成本创造更大的赢利空间。自然，越来越多的港澳商人把目光投向内地，更便宜的土地和劳工成本吸引着他们将产品转入内地加工装配。当时的乡镇企业也正在兴起，和澳商、港商的合作对他们来说亦是时代的机遇——通过对外加工装配，摆脱原料、加工、技术的限制，不仅可以拉动生产，还可以创造外汇。真正有政策上的支持是在1978年末，出台的《开展对外贸易加工装配任务实行办法》。

第二节　补偿贸易

在那个创造的动力如春流涌动的时期，经济的起航就只差几股东风。你拿出原料、图纸、零件、技术和资金；我提供旧厂房、劳动力、一个巨型的生产要素市场就这么应运而生了。

广东的特区在当时实行"三来一补"，即来料加工、来样加工、来件装配和补偿贸易。"三来一补"的合作方式，是解决了当时广东缺乏资金、技术和技术人员的问题，但到了后期"三来一补"企业比例不断下降，并逐渐被"三资"取代。从建立经济特区到1985年年底，珠海共与外商签订了16000多项合同，协议投资总额接近17亿美元。而其中最早的一块内引外联的试验田，是香洲毛纺织厂。

1978年5月23日的一场饭局上，永新公司创始人曹光彪、中国纺织品进出口总公司总经理陈诚忠等几个朋友在北京聚会，讨论到如何向外国市场推销业务，还可以为国家创汇的问题。陈诚忠首先想到的是国产毛衫。而曹光彪却有所顾虑：国产的毛衣花样单一，且国内外审美体系尚有差异，说不定在国内大销的样式在国外却不符合外国人的喜好。一个更大的问题是，在曹光彪的眼里，那时候内地的工厂生产和管理还较为落后，生产出次品无人担当责任，更不要谈把东西卖到国外了。踌躇之间，曹光彪提出一个大胆的想法——自己出资到内地兴建一家现代化的毛纺厂，从国外引进先进技术和先进设备，并提供原料加工毛纱，所有产品全部包销到澳门和香港，待收回投资，工厂就归国家所有。

在当时，这个想法相当胆大，然而仔细一想好像这样一来，之前顾虑的问题都解决了：款式有了，技术设备有了，出的产品还有固定的销路。两人一拍即合。于是，曹光彪回到香港后，马上组织人员起草相关计划书，寄给了北京。三个星期后的 7 月 6 日，曹光彪收到了北京方面给予的肯定答复。一个多月后，一份由中国方面提供厂址、建成后专门为永新公司进行来料加工的"筹办毛纺定点厂协议书"正式签订。

毛纺厂筹建的效率相当高，5 月有了初步想法，11 月毛纺厂破土动工，总投资 700 多万元，第二年 8 月 6000 多平方米厂房建成，并安装设备，9 月试产，11 月 7 日正式投产。从建厂到投产仅仅用了一年时间，这在当时是令很多国有企业都瞠目结舌的。

作为国内第一家"三来一补"企业，香洲毛纺厂自身的优势和遭遇的困境都是十分具有代表性的。

根据报刊记载，在当时，香洲毛纺厂无论是生产设备、生产管理还是人员编制等方面，都属全国先进。尽管很多进口的生产设备都是二手产品，但比国内的厂家都要先进。当时的员工会议说，当时厂里的设备几乎都是进口的，而且都来自不同的国家，像梳毛机购置于波兰，空调来自美国，还有一些机器来自日本、西德以及英国等，哪个国家的好，就从哪个国家买。

另外，与国内其他国企相比，当时的香洲毛纺厂的组织结构相当精简，行政人员只有 8—10 个，而相同规模的老国企，各种部门的行政人员一般有上百人。这使得纺织厂从管理成本上减少了很大一笔开销。而当时为了支援毛纺厂的建设，海关方面也给予了支持。这些进口设备在通过海关时，可以经由更简单的通关程序，比以往通关要快捷很多，这也使得毛纺厂能够顺利安装完设备开始试产。

然而一开始，毛纺织厂的表现并不尽如人意。据当时的负责人回忆，毛纺织厂投产初期，产品质量和产量一直达不到要求，合格率只有八到九成。问题还是主要出在劳工身上。据当时毛纺厂厂长黄健回忆，主要是很多工人还没有适应"三班倒"的上班制度，加上对工序、操作还不太熟悉，影响了生产质量。再者，工厂实行八级工资制度，工人们无论做得多赖，都拿一样的工资，很难对工人起到激励作用。同时，由于那个时候还没有实行劳工合同制，当时的工人还是由劳动局调配的，导致一些不适合在厂里工作的人员也被安排过来，一定程度上也影响了工厂的生产。

由于毛纺厂的生产"始终处于不正常状态"，"非但产量没有达到应有的数量，更严重的是，质量始终没有达到用户可以接受的水平"，香港和澳门的投资方因为毛纺织厂的生产问题无法向用户交货，于是决定暂停向毛纺织厂提供原料。

在停产期间，香洲毛纺厂不得不对原有的管理模式进行调整。当时的老板黄健反思之后，觉得在人事制度上的改变是必需的。一是改变毛纺厂由劳动部门分配员工的员工调配制度；二是改变原有的八级工资制度，以生产数量和质量作为工人收入的衡量标准。在得到市政府"只能在毛纺织厂中尝试"的默许后，香洲毛纺厂开始了大刀阔斧的改革。12 名不适应厂里工作的员工被调走，工资由原来的"计时加奖励"改为"集体定额计件，超额按比例提成"。据当时纺织厂的老板黄健回忆，整个停产整顿经过了 18 天。整顿后，员工的工作积极性大大提高，厂内之间相互竞争、互相敦促的氛围越加强烈，以提高效率和生产质量。随着员工们的自觉性提高，管理人员的压力也得到缓解。

改革之后的香洲毛纺厂业务开始逐渐做起来，在工资待遇方面的确算得上是"香饽饽"。一些业绩突出的车间主任，月工资甚至最高能拿到 300 元，而那时副厂长级别的月工资也就 200 元左右。当时不少国企员工月工资在 60—100 元，而这在当时的广东省，甚至全国，都算得上是领先水平了。

香洲毛纺厂作为改革开放"三来一补"模式的第一块试验田，也使其受到了更多的关注。1984 年 1 月，中国改革开放总设计师邓小平首次来珠海期间，首先便是来到香洲毛纺厂视察，并仔细询问了工厂的相关情况。而在 1988 年度珠海科学技术奖颁奖大会上，香洲毛纺厂721 高比例兔毛纱技术还夺得一等奖。从享受出生的喜悦，到遭遇成长的烦恼，再到打破原有的"铁饭碗"制度，它给很多后来的企业提供了借鉴之路，上海第三毛纺厂、北京清河毛纺厂等全国各地毛纺厂都非常关注，纷纷派管理人员前来学习管理方面的经验。

它所走过的轨迹，似乎就是一个时代发展的缩影，更是珠海特区工业前 10 年发展的一个缩影。尽管在之后时代的浪潮中，它也逐渐被淹没，但是作为国内第一家"三来一补"企业，它为后来者铺就了一条可供选择的道路。于此，它也完成了自己作为"第一"的历史使命。

第三节　建设曲折

珠海特区经过 4 年的努力，已经为大规模引进工业项目，加快工业建设步伐准备了条件；小平同志视察则进一步激发了特区建设者干事创业的士气，珠海特区的高速发展时期在这一年开启。1984 年 1 月29 日，邓小平视察深圳之后来到珠海，写下了一条横幅"珠海经济特区好"。他没有用同样的话来称赞深圳。很显然，尽管珠海视深圳为改革的榜样，但邓小平认为珠海的社会风气要胜过深圳，走私和投机倒把现象亦比深圳少。

1980 年，这个地区仅有 10 名毕业于大学工科专业的技术人员，然而，仅在 1986 年这一年中，就有 1700 名这类人才进入珠海。1981年，珠海工业产值仅为 3800 万元，而 1987 年已达 12 亿元，还计划1990 年实现产值 36 亿元的目标。与深圳类似，珠海也有来自全国各省的办事处，在吸引有才华的年轻干部方面，珠海与深圳不相上下。

从 1982 年开始，珠海在吸引外资方面所做的努力，于 1985 年初见成效。在此之后的几年时间内，制造冰箱压缩机、空调机、电子设备、玻璃、啤酒、录像机、计算机软件、合成纤维、印刷电路板以及电视机等产品的新工厂数目迅速增加。

小平同志视察深圳、珠海等地，以及中央特区工作会议的召开，在全国引起强烈的反响，激发了特区人的干事激情。1984 年 4 月和 8 月，珠海两次召开市三级干部会议，学习中央关于改革开放和试办经济特区的有关文件、小平同志的讲话，决心做改革开放的促进派，为进一步办好珠海经济特区做出更大贡献。

1984 年 2 月接替吴健民任珠海市委书记的方苞在《"爬坡"阶段的接力跑》中回忆，4 月召开的会议对当时干部存在的"左"的思想进行了查摆，增强改革开放意识，决定继续抓好七个破除：在经济所有制结构上破除"一大二公"思想，在分配制度上破除平均主义，在行政管理上破除妨碍生产力发展的"管卡压"规定，在经济政策上破除闭关自守和小生产者的狭隘观念，在生产经营上破除独家垄断思想和害怕竞争心理，在财税管理上破除不管企业死活只管收钱的思想，在用人制度上破除对知识分子的偏见和歧视。

这次会议统一了干部的思想，在这之后，珠海市委、市政府出台了《关于进一步放宽引进利用外资和搞活经济的若干规定》《关于知识分子待遇的若干规定》《关于放宽自筹和技术改造项目审批的规定》等一系列文件，改革创新举措不断涌现。

当年 6 月的《南方日报》曾刊文介绍珠海制定的十项措施，涉及精减审批手续、积极扶持引进先进技术设备改造老企业、对部分企业实行减免某些税收、减少各种管理费用、打破独家经营、大力发展进料出口加工等。这些在今天看来很普通的政策措施，在当时推出并不容易，犹如一颗炸弹，使特区的活力得以进一步释放。

尽管在工业生产方面落后于深圳，珠海与深圳还是有许多相似之处：都从香港和中国内地引进了大量投资、技术人才与数百名高层行政干部绝大多数都来自北方等，许多企业是由来自内地的单位兴办和领导的，因此与深圳一样，珠海也成为一座北方化的城市。1980年，珠海市区人口（12.7万）和斗门县人口（约24万）之和几乎等于深圳市区和宝安县人口之和，但由于珠海劳力需求的增长速度比深圳慢，因此，本地劳力完全能满足需求。在珠海经济特区创办之初，尚有相当多的本地剩余劳力，因此珠海有意识地在本地招收普通工人，而深圳却必须从其他县甚至从外省招收大量工人。然而，到了20世纪80年代末，由于珠海对劳力的需求增加，它也开始从邻近的西江地区，主要是江门和肇庆地区的农村吸收劳动力，由此促进了这两个地区的经济繁荣。当深圳步香港后尘，向国际化城市的目标挺进之际，珠海则利用它的国际联系，成为一个地区性的经济中心。

在建设过程中，珠海也经历许多曲折和风波。对于珠海的发展定位尤其是产业定位问题，曾有舆论认为是摇摆不定，有时是工业，有时是旅游业，有时是高新技术产业，最尖锐的应该是说珠海当初拒绝发展工业而选择发展高新技术产业、旅游产业是脱离实际，导致珠海的经济问题总量一直难以提升，与深圳的差距也越来越大。

省委原常委、珠海市委原书记梁广大在回忆文章中介绍，当时对特区的发展定位至少有四种不同意见，有的说办成加工区赚取外汇，有的说立足现实办好农业，有的说珠海风景这么好能不能建成旅游特区，有的说能不能以工业为主、农渔商旅等产业综合发展。在通过大量调查研究并深刻领会中央办特区的要求后，珠海最终确立以工业为主，商业、农渔牧业、旅游业、房地产业综合发展的方针。

在特区建设的前几年，珠海引进了一些旅游和住宅项目，但工业项目相对较少，这与深圳不断引进工业项目形成对比。

珠海与澳门相接，同时又是海滨城市，有着得天独厚的自然条件，自然而然地有人认为应该把工作重心放在旅游业上。1979年9月，珠海旅游公司和澳门珠海发展有限公司签订了我国第一宗合作经营协议。10月特区第一家实行现代化管理的石景山旅游中心落成了。随之相继建成的，是珠海度假村等10多个旅游度假设施，当时吸引了不少港澳游客和外来资金。

特区建设初期由于珠海经济特区范围小，人们只是从全市的角度考虑，曾有过不同的看法。有的主张以发展渔农业为主，有的主张以发展旅游业为主，还有的主张以发展商业贸易为主，也有的主张以发展工业为主。由于人们认识不够统一，主攻目标不太明确，特区的发展未达到人们的期望值。在严峻的现实面前，人们不得不再次提出重新认识经济特区的地位和作用问题。

关于这个问题，最早连广东省和珠海当地都曾出现过分歧。1978年下半年，广东省就关于珠海市的建设方针下发了一个文件，其中提到，珠海建市初期的方针主要是以农业为主。这就引发了许多特区建设者的疑虑与困惑：既然还以农业为主，又何必改成直辖市？①

1982 年，在许多基础设施建设就绪以后，珠海市领导逐渐意识到，即便是珠海有先天优势的旅游业也并不能带来预期的收入。1984年初，邓小平视察深圳、珠海经济特区，明确指出："特区是个窗口，是技术的窗口，管理的窗口，知识的窗口，也是对外政策的窗口。""特区成为开放的基地，不仅在经济方面培养人才方面使人们得到好处，而且会扩大我国的对外影响。"② 珠海市委、市政府立即组织广大干部群众学习邓小平指示和中央关于试办经济特区的一系列文件，联系实际，总结经验教训，提出了珠海经济特区的建设要"以工业为主，兼营农牧渔业、旅游业，商业和贸易综合发展的指导方针"。

由此，珠海特区的定位从"吸引港澳游客的游览区"变成了"工农业相结合的出口商品生产基地"。1984 年起，珠海开始确立以商业、工业为主的发展方向。展开大规模的基础设施建设，扩建了原香洲码头，新建了九州码头——据说当时就可停泊万吨货轮。还建了直升机厂。先后兴建了吉大、南山、夏湾、北岭四个工业区及外围配套工程。这一系列的基础设施建设，使珠海开始了工业化的道路。

---

① 这段珠海特区的历史参考了珠海市志编纂委员会编《珠海市志 1979—2000》，广东人民出版社 2013 年版，"珠海经济特区的建立与发展"。

② 这段话后被收录在《邓小平文选》第 3 卷，人民出版社 2001 年版，"要吸收国际的经验"（1988 年 6 月 3 日）。

　　确定了方针和"外引内联"的模式，一系列工作的开展都比原来更加笃定。通过内联外引，兴办"三资"企业和内联、协作企业，重点发展化工、电子、机械、轻纺、建材、食品和医药等工业；按国际标准进行大规模基础设施建设，包括港口、机场、高速公路等，从而构成以港口为龙头的立体交通网络；兴建电厂、水厂，大力发展电信通信、信息服务业等；土地实行"五个统一"管理，通过土地使用权出让、出租和房地产经营等获取资金，保证基础设施建设和重点工业项目的投资；对做出重大贡献的优秀科技人员实行重奖，吸引并广揽社会各类人才。

　　与工业化发端随之而来的是珠海特区的城市化建设进程。电力、道路、排污系统、电信设备开始全盘规划，一栋栋高楼拔地而起。但相比深圳的城市建设而言，珠海设计者以一种更慢的步调设计着珠海的城市建筑。他们认为深圳发展得太快，高层建筑建得太多，因此珠海的大楼基本上呈现住宅面积更大，楼与楼之间分布更分散的状态，也把建筑风格放到了更高的位置。这对当时的珠海来说，从一定程度上避免了使用率不足和资金不易周转的问题。而早期城市布局风格的迥异，使得珠海经济特区与深圳在后来呈现出截然不同的城市样貌。

　　在重点发展工业的同时，促进农业、旅游业和商业贸易的综合发展。珠海经济特区也在一路踌躇与风波中走上了中国最早一批工业化和城市化的道路。

第五章

经济特区的成绩与争议

　　经济特区在极短的时间内取得了相当惊人的成就，这种成就在今天来看，毋庸置疑是从无到有的伟大壮举，但在当时的历史条件下，出于政治方面的考量和稳健发展的目的，特区一度受到社会舆论的压力，这种压力不仅是由于特区所带来的各类问题，乱象和不良影响产生，更是人们对特区这一颠覆了以往计划经济的新事物发展前景的忧虑和不适应所直接反映出来的。

第一节　特区的经济增长

　　经过几十年的中央计划经济，中国政府在 1978 年开始实施改革开放政策，并于 1979 年 7 月决定由广东省和福建省率先对外开放，实行"特殊政策和灵活措施"。1980 年 8 月，广东省的深圳、珠海、汕头被指定为经济特区，随后在 1980 年 10 月，福建省的厦门也成为经济特区。这四个经济特区颇为相似，它们占地面积大，其目标是促进广泛的、全面的经济发展，四者都享受金融、投资和贸易特权。经济特区被鼓励追求务实开放的经济政策，以便于创新政策的试验，成功的政策将在全国范围内推广。

　　四个经济特区内优惠政策和各类生产要素的适当结合使大部分园区取得了迅速发展。相比于全国在 1980—1984 年间 10% 的 GDP 年均增长速度，深圳达到了 58% 的惊人年增长率，珠海也达到了 32%，厦

门（13%）和汕头（9%）则与全国增长速度不相上下。同样在
1980—1984 年间，全国的经济总量增长了 1.5 倍，深圳却增长了 6 倍
多，珠海增长了 3 倍多，汕头的是 1.4 倍、厦门的是 1.6 倍。到 1986
年，深圳已经形成了具备资本、劳动力、土地、技术、通信和其他生
产要素的基本市场。①

第二节　特区面临的质疑

　　风光无限的 1984 年国庆节刚一过去，深圳市委常委会议上就出
现了特区主要是赚内地钱的议题。在同年 12 月谷牧主持召开的广
东、福建两省工作会议上，再次出现特区赚了内地的钱、深圳拉长
了基本建设战线、特区卷入海南汽车走私案等非议。这显然不是寻
常的意见。如果不是碰上 1985 年的中国经济紧缩年，这些异议还不
算大问题。从 1984 年第四季度开始，中央经济工作出现明显失误，
全国消费基金增长过猛，信贷投放规模也过大。同时，利用外汇进
口内销牟利的暴富效应喧嚣一时，以致 1984 年第四季度和 1985 年
第一季度全国外汇储备急降约 1/3。这些问题引起国务院高度警觉。
1985 年的中国经济形势一开局就扑朔迷离，第一季度工业生产增长
幅度达到 23%，为改革开放以来所仅见，不过，财政、信贷、外汇、
物资不平衡给国务院主要领导人所带来的巨大的政治、经济压力，
大多数地方领导人并没有同样感觉到，深圳对中央推进改革开放的
决策也有所贡献。②

　　在这一背景下，作为改革开放风向标的深圳特区面临各方面质疑。
1985 年 2 月，香港《广角镜》发表了陈文鸿的《深圳的问题在哪？》
一文，该文直陈深圳特区没有做到广为宣传的"以工业为主、以外资
为主、以出口为主"，将深圳经济问题置于众目睽睽之下，并做出

---

① 数据来源于 2016 年第 5 期的《国际经济评论》的第 123—148 页，作者是曾志华先生。
② 王硕：《中国经济特区成败：1980 年代中期的辩论与抉择》，《二十一世纪双月刊》2013
年 10 月号，总第 139 期。

结论：

"深圳的繁华，基本是依靠特区的特殊经济政策，以进口商品和物资来赚取国内市场的钱，与原来的构想、要求背道而驰。假若深圳的实践真的对沿海开放城市有重要的参考价值，这个参考主要是教训，不是成功的经验，以及深圳在未来日子能否真正地研究出解决的办法。"

1985 年 7 月 15 日，邓小平会见特立尼达和多巴哥总理钱伯斯（George M. Chambers）一行人。钱伯斯谈到他离开北京后还要到深圳参观，邓小平说："深圳经济特区对我们来说也是一个试验。现在看来，我们原来建立经济特区的政策是正确的。你们可以看到深圳的发展是很快的，但这毕竟是一个试验。现在还有一些问题没有解决。不过，特区开始才三年多一些时间，再过三年总会找出办法解决这些问题的。"

这次谈话在海外激起很大反响。海外媒体刊登了一系列关于深圳特区的文章，怀疑和挫折感充斥其间，比如，1985 年 7 月 9 日，美国《华尔街日报》（*The Wall Street Journal*）刊登《深圳经济特区的挫折反映了中国现代化的苦恼》；7 月 29 日，美国《美洲华侨时报》刊登《深圳试验得失的评估》；8 月 1 日，美国《基督教科学箴言报》（*The Christian Science Monitor*）刊登《中国深圳：放任自流的贸易和社会弊病》。香港《信报》还针对深圳特区发表"十二评"，不乏讥嘲之词。1985 年七八月间，各种非议达到最高潮。

同年 8 月初，邓小平在北戴河接见竹入义胜所率访华团时试图对自己先前的言论进行一定的澄清：

"我们特区的经济从内向转到外向，现在还是刚起步，所以能出口的好的产品还不多。只要深圳没有做到这一步，它的关就还没有过，还不能证明它的发展是很健康的。不过，听说这方面有了一点进步。前不久我对一位外国客人说，深圳是个试验，外面就有人议论，说什么中国的政策是不是又要改变，是不是我否定了原来关于经济特区的判断。所以，现在我要肯定两句话：第一句话是，建立经济特区的政策是正确的；第二句话是，经济特区还是一个试验。这两句话不矛盾。我们的整个开放政策也是一个试验，从世界的角度来讲，也是一个大试验。总之，中国的对外开放政策是坚定不移的，但在开放过程中要小心谨慎。"

中共第十三次全国代表大会的报告提出"社会主义有计划商品经济的体制，应该是计划与市场内在统一的体制"，深圳是国内最好的试验场。报告还提出，要充分发挥特区"在对外开放中的基地和窗口作用"。[①] 在中央推行的国际大循环战略构想中，深圳是当仁不让的排头兵。1988 年 6 月邓小平说要在内地造几个"香港"，1992 年邓小平南方谈话之谓"深圳的重要经验就是敢闯"，"只要是讲效益，讲质量，搞外向型经济，就没有什么可以担心的"，[②] 其信心主要源于他参与筹划特区发展的经验。

第三节　特区的发展成就

综观 20 世纪 80 年代中期关于经济特区成败的大辩论及其抉择，在深圳建市 30 余年来从未有过如此充分的思想交锋，这既是民主讨论精神的一定体现，也助推中央及时调整特区发展方略，进而对中国改革开放发挥积极作用，成为建设中国特色社会主义的一项重要成果。[③]

深圳在经历近两年的经济调整之后迅速恢复活力，城市经济实力发展迅猛，对国家贡献增大。赵紫阳在李灏 1985 年到深圳赴任前夕曾表示，深圳经济总量很小，不在意能给国家创多少外汇和财政收入，但到 1986 年年底就改变了看法。1987 年 3 月的国务院《政府工作报

---

① 具体提出人应是赵紫阳，在赵紫阳的《沿有中国特色的社会主义道路前进》中有更加详尽的叙述。

② 这段话后被收录至《邓小平文选》第 3 卷，人民出版社 2001 年版，"要吸收国际的经验"（1988 年 6 月 3 日）。

③ 王硕：《中国经济特区成败：1980 年代中期的辩论与抉择》，《二十一世纪双月刊》2013 年 10 月号，总第 139 期。

告》指出，特区建设"有显著进展"①。1987 年深圳出口创汇跃居全国各省、直辖市、自治区前十名之列。从这一年开始，中央大幅度调高深圳上缴财政收入和外汇收入的指标。

深圳特区顺利走出调整期并有新发展，为履行中央赋予的保障香港繁荣稳定的政治使命提供了前提。如 20 世纪 80 年代后期美国学者傅高义所指出，深圳在国家意义上的重要性可能在于可以为收复香港提供一个缓冲地带，"一方面向中国人民传播世界资本主义的经验，另一方面教育香港人如何在中国的共产主义制度下运作"②。

就新时期中央与地方关系而言，深圳是一个典范。中华人民共和国成立初期，中央在广东曾推行"反地方主义"，对中央与地方关系造成负面影响。改革开放以来，胡耀邦、赵紫阳、谷牧等中央领导人反复强调，深圳和蛇口要为全国体制改革摸索经验而不单纯是把本地经济总量做大。1986 年特区工作会议进一步提出了"特区是全国的特区，全国支持特区，特区服务全国"③。深圳渡过 1986 年的经济调整难关，也有全国襄助之功。

在对外开放思想启蒙方面，深圳尤其是蛇口的实践，对内地的震动和影响难以用有形价值来衡量。20 世纪 80 年代经济特区广开言路、民主决策、营造朝气蓬勃的发展环境的做法，值得人们继承和发扬。

---

① 收录在《政府工作报告——1987 年 3 月 25 日在第六届全国人民代表大会第五次会议上》，对于显著的进展，报告中有更加详细的叙述。

② 傅高义：《先行一步：改革中的广东》，广东人民出版社 2013 年版。

③ 后被收录在《谷牧同志在经济特区工作会议上的讲话》，1986 年 1 月 5 日。

第 六 章

小平第一次南方之行

第一节　南下深圳

1984 年春节前夕，广州东站，一列由北京驶来的专车带着特殊的使命进站。改革开放总设计师——邓小平的第一次南方之行开始。在广东省主要领导王震、杨尚昆等的陪同下，邓小平从广州开始，辗转深圳、珠海、中山和顺德等地，实地考察了改革开放的结果。其实，在 1983 年年底，邓小平就在筹划这次特区之行。他说："特区究竟办得怎样？我要亲自去看看。"邓小平是一个政治经验极为丰富的政治家；这次南方之行改革开放的特区的目的，既有了解特区的实地情况，对"办得怎么样"的考察意图，亦有借南方之行来向全世界宣告中国对改革开放的持续进行坚定不移的态度。正因如此，邓小平告诉身边同志："我这次来，主要是看，只看不说。要讲呢，我回北京再讲。"

从国际国内背景而言，邓小平是在我国改革开放很关键的时候来视察特区的。

一是各特区尤其是深圳特区建设的成就亟待肯定。到 1984 年，正如吴晓波所描述的"高层建筑林立，道路四通八达，万吨级码头、直升机机场开通使用，电讯、供水、供电、防洪、供气和处理污水等初具规模，一个现代化的工业新城在我国南海前沿崛起"[①]。深圳的建设

---

① 吴晓波：《激荡四十年》，中信出版社 2017 年版。

工作已经初见效果，而毫无疑问，这种经验和效果是可以普适于其他地区的，可以，也经得起检验，需要予以肯定、推广。

二是推进对外开放的条件渐趋成熟。改革开放 5 年来，农村改革成效显著并积累了丰富经验，城市体制改革提上议事日程，改革开放已成全国共识，进一步推进对外开放的条件基本具备。

三是解决香港问题的需要。在撒切尔夫人于 1982 年访华商谈后，英国在香港问题上逐步让步，关于此问题的谈判，中方已经掌握了主动权。在对外政策上，中国需要彰显出足够多的正面形象，在邓小平有关于经济特区理论的论述中，曾这样说道"搞好特区，先不讲对台湾的影响，至少对解决香港问题有利，对安定香港人心有利"。总的来说，特区的建设发展，是进一步缩小香港与特区的发展差距，对香港逐渐过渡到回归打下基础。

1984 年 1 月 24 日，邓小平乘坐的火车途经广州，在广州东站，他对广东省委、军区主要负责人讲话："办特区是我倡议的，中央定的，是不是能够成功，我要来看一看。"随即继续南下至深圳。在深圳市进行工作汇报时，邓小平不发一语，而当汇报结束后，他说，"这个地方正在发展中，你们讲的问题我都装在脑袋里，我暂不发表意见，因为问题太复杂了，对有些问题要研究研究"。专列随后到达珠海，而珠海经济特区的建设成就所带来的巨大变化的视觉冲击则让邓小平"食言"了。1984 年 1 月 29 日，在邓小平视察珠海结束后，他为珠海的经济建设题了七个大字："珠海经济特区好。"深圳特区领导人获悉此事后，追悔莫及，立即派专人赶赴广州，赶在邓小平离开之前，请他也为深圳题词。由此，1984 年 2 月 1 日，邓小平又为深圳特区写下："深圳的发展和经验证明，我们建立经济特区的政策是正确的。"更加意味深长的举动是，这份题词落款处，邓小平所写的正是他离开深圳的日期：1 月 26 日。这也就说明了，这短短的一句话并不是因为为了避免厚此薄彼的平衡之举，而是他实地考察深圳特区建设的结果后，对深圳的肯定和鼓舞。翌日，农历新年到来，这份题词的内容迅速通过电视、广播及报纸向海内外各界公布，在中国乃至全世界引起了强烈反响。而这一年正是甲子年，农历的六十甲子恰好转过了一轮，既是纪年法的新开始，亦是深圳特区的新开始。

后来，据随行领导薄一波说，这一次南下深圳特区视察，邓小平"心情是十分舒畅的"。这种舒畅甚至到邓小平回京后都没有完全消散，在回到北京的一次常务会议上他以很是兴奋的语气说："这次我到深圳一看，给我的印象是一派兴旺发达景象。深圳的建设速度相当快。"在此前后，他关于经济特区的思想基本形成。主要内容有：

其一，经济特区是"社会主义的新生事物"。创办经济特区是建设中国特色社会主义的重要举措，是对外开放的具体形式之一，其成长不可能一帆风顺。"一个完全新的事物不允许犯错误是不行的"，但是，特区发展的实践是成功的，"有一点错误也是很小的"。

其二，经济特区建设总的政策"是放不是收"。针对有关特区建设的争论和投资者的疑惑，邓小平在1984年明确指出："我们建立特区，实行开放政策，有个指导思想要明确，就是不是收，而是放。"1989年，他说："我过去说过要再造几个'香港'，就是说我们要开放，不能收，要比过去更开放，不开放就发展不起来。""总之，改革开放要更大胆一些。"

其三，经济特区是体制改革的试验场。1985年，邓小平指出："深圳是个试验"，"经济特区还是个试验"，"我们的整个开放政策也是一个试验，从世界的角度讲，也是一个大试验"，"路子走得是否对，还要看一看"。1992年，他要求经济特区"改革开放胆子要大一些，敢于试验，不能像小脚女人一样。看准了的，就大胆地试，大胆地闯"。邓小平认为，社会主义的根本任务是解放和发展生产力，办经济特区的目的，就是要为中国特色社会主义现代化建设"杀出一条血路来"。

其四，特区是中国对外开放的"基地"和"窗口"。"特区是个窗口，是技术的窗口，管理的窗口，知识的窗口，也是对外政策的窗口。从特区可以引进技术，获得知识，学到管理，管理也是知识。特区成为开放的基地，不仅在经济方面，培养人才方面使我们得到好处，而且会扩大我国的对外影响。"

其五，特区经济的发展方向应该从内向转为外向。针对特区经济发展方针的模糊认识，邓小平强调指出："我们特区经济从内向转到外向，现在还是刚起步，所以能出口的好的产品还不多。只要深圳没有做到这一步，它的关就还没有过。还不能证明它的发展方向是很健康的。"这一指示，为特区发展外向型经济指明了方向。

其六，经济特区姓"社"不姓"资"。1985 年，邓小平说："有人说中国的开放政策会导致资本主义。我们的回答是，我们的开放政策不会导致资本主义。实行对外开放政策，会有一部分资本主义的东西进入。但是，社会主义的力量更大，而且会取得更大的发展。"1992年，他指出："改革开放迈不开步子，不敢闯，说来说去就是怕资本主义的东西多了，走了资本主义道路。要害是姓'资'还是姓'社'的问题。""深圳的建设成就，明确回答了那些有这样那样担心的人。特区姓'社'不姓'资'。"[①]

总之，第一次特区之行，使邓小平看到了建立经济特区的发展成果，丰富了发展经济特区的理论。"事实胜于雄辩"，这一次特区之行，对邓小平后来在经济特区的争论中，坚定支持发展经济特区，无疑产生了重要的影响；而且，对于他坚定进一步推进对外开放的决心和信心，也起到了非常重要的作用。

第二节　南下珠海

在人来人往的拱北口岸广场，"珠海经济特区好"七个大字仍十分醒目，不时有旅客在此合影留念。很多人也许不知道，这七个大字，对早期的特区开荒者而言，有着怎样的重大意义。

1980—1983 年，是珠海经济特区试办、规划和以基础设施建设为重点的时期。珠海运用党中央、国务院赋予的特殊政策和灵活措施，

---

① 为邓小平 1992 年南方谈话时的原话。

勇于探索、开拓进取，逐渐打开特区建设的局面，在社会、经济和文化建设方面，都取得了一定成就。

1984 年特区发展进入了第五个年头，一系列改革和建设都在加快推进。但是，由于改革要破除原有的体制机制束缚，在探索过程中也会面临新的问题和挑战，"新"与"旧"的碰撞甚至对立，在当时的社会可谓是"暗流涌动"。

省委原常委、珠海市委原书记梁广大在书籍《前所未有的道路》中谈到，当时社会上对试办经济特区出现了不同声音，有的认为广东试办经济特区是复辟资本主义，一些与广东交界的省份还安排工作人员日夜把守交通要道，严防广东的资本主义入侵；有的认为特区除了五星红旗是红的，其他都变了颜色，把特区和当年的租界等同起来；还有人公开提出特区不能办下去，要收而不能再放了。

不同声音的出现以及"左"的思想束缚仍在，导致珠海特区的部分干部不敢主动与国外投资者打交道，害怕被说成敌我不分甚至是与资本家勾勾搭搭。当时外国投资者进来，特区没有人主动接待，对接待工作互相推脱，后来梁广大只得硬性派工。

正当经济特区的发展处于关键时期，特别是面临许多问题亟须解决和回答之时，1984 年 1 月 22 日至 2 月 5 日，邓小平同志在中央领导杨尚昆、王震以及广东省领导的陪同下，先后视察深圳、珠海、中山、顺德等地，听取广东省委和深圳、珠海市领导的工作汇报。

《珠海市志》中的《邓小平两次视察珠海纪实》一文描述，1 月 26 日，小平同志一行从深圳蛇口乘船来到珠海唐家湾部队码头登岸，然后乘坐汽车前往中山温泉宾馆休息。在 1 月 29 日上午，小平同志从中山温泉宾馆乘坐汽车出发，开始了在珠海的视察。

车辆在沿海边绕行近 1 个小时，小平同志沿途观看了拱北海关、珠海度假村、九州港、直升机场及附近的工业区，接着在香洲毛纺厂以及狮山电子厂进行了仔细的考察。

香洲毛纺厂是全国最早的中外合资企业，1978 年签订合同后，建设一年就投入了生产。"设备从何而来？""原材料从何而来？""产品销到哪里去?"小平同志一边看，一边仔细询问相关情况，厂长黄国明一一回答。

考察完香洲毛纺厂，小平同志又来到位于二楼的狮山电子厂，该厂是珠海市自行设计生产收录机、音响的工厂，属于生产替代加工产品的企业。小平同志看完后称赞：珠海企业是基本从零起步的，能在这么短时间内自己设计生产收录机、音响等电子产品，已经很不错了。

中午时分，车子直奔新落成的珠海宾馆。午宴在翠城餐厅举行。考虑到小平同志来珠海视察，机会难得，大家都希望他能给珠海题词鼓励，并把提请题词的任务交给宾馆负责人张倩玲。午宴开始之前，张倩玲就准备好笔墨、宣纸和写字台。待小平同志坐定后，时任珠海市委书记吴健民紧挨着坐下。趁还没有上菜的间隙，张倩玲轻轻走过来，低下头轻声地在小平同志的耳边说："邓老，请您给我们珠海题词留念，好吗?"小平同志抬起头来，思索着，随后，缓缓地说了一句："哦，你看写什么?"吴健民一听，知道小平同志已答应了题词，马上说："对珠海经济特区评价之类的话……"

小平同志没有说话，只是轻轻地点点头，随即站起来，健步走向旁边一张早已准备好，摆着宣纸、笔墨的写字台。他拿起笔，思考片刻，蘸墨挥笔，"珠海经济特区好"七个大字跃然纸上。在场的同志深受鼓舞，报以热烈的掌声。

"这个题词对我们鼓舞确实很大，我们深深理解到，这不但是对珠海的鼓励，更重要的是正面回答了社会上对试办经济特区持反对意见的一些人和一些论调，因此，更加坚定了我们对办好珠海经济特区的信心和决心。"梁广大回忆此事时称。

在小平同志视察珠海 1 个多月以后，中央召开特区工作会议，明确提出"特区不是收不收的问题，而是放不够的问题"。小平同志还要求，"特区干部的思想要解放一些，胆子要大一些，步伐要快一些"。这些讲话坚定了改革开放的立场，也极大地鼓舞了珠海经济特区的建设者们。特区从此甩掉思想包袱，全力投入到了改革开放的事业中。

第三节　全国经济特区热

特区形势的发展超出了人们的预料。以邓小平 1984 年视察特区并题词为标志，一个特区热潮迅猛而来。

1984 年 2 月 24 日，在视察了广东、福建两省后，邓小平召集中央主要领导谈话，对特区的下一步工作提出两条重要意见：一是建立特区就要实行开放政策，要坚持"是放而不是收"的指导思想；二是可以考虑再次开放沿海的几个港口城市，如大连、青岛等。由此，根据邓小平的建议，中央最后确定了：进一步开放由北至南 14 个沿海港口城市，而这，也成为我国实行对外开放的一个新的重大步骤。

经济特区尤其是深圳，这一年初尝收获的喜悦，成为全国取经学习的样板。3 月，在中央专题研究 14 个沿海城市对外开放的中央书记处扩大会议上，深圳蛇口工业区创办者袁庚成为众人瞩目的焦点，他是作为改革的先行者和成功者的代表出现在大会上的。整个 3 月，关于深圳发展情况、成就和经验的报道占据了中央各大媒体的版面。5 月，梁湘作为深圳市委书记，在六届人大二次会议上做报告，介绍特区的建设成就，全国各地新闻媒体均以《四年国民经济总值超过过去 30 年的总和》为题集中报道。《人民日报》出版特辑，对深圳的城市建设、农业发展、旅游业兴起、精神文明建设等方面进行了详细的介绍，称赞"深圳城市建设是现代建筑史上的奇迹"。9 月，一本由梁湘撰文，谷牧作序，刊有邓小平为特区题词，名为《前进中的深圳》的书由中央机关刊物《红旗》杂志出版，在全国发行。全国各地到深圳等特区考察学习者络绎不绝。

党和国家领导人对特区给予了集中、高度的评价。1984 年，党中央、全国人大常委会、国务院、全国政协、中央顾问委员会以及中央各部委的负责同志，纷纷到特区视察指导。王震在陪同邓小平视察特区后，专门向胡耀邦总书记、中央政治局和书记处各同志写了一份书面报告，满怀信心地写道："十一届三中全会确立的对外开放政策、兴办经济特区的决策是完全正确的。"当年5月时任总书记的胡耀邦也南下对深圳进行视察并题词："新事新办，特事特办，立场不变，方法全新。"年底，国务院主要领导人视察深圳特区时说，"你们地方不大，但作用很大，影响很大，任务艰巨，你们是尖兵，是开拓者"，"现在国内外对你们特区一片叫好声"。在这种态势下，深圳等特区的声誉达到了当时的高峰，逐渐开始广泛地被视为是实践改革开放路线的先锋。"特区、沿海经济开放区在开放和改革上，担负着为全国提供经验的探索者、先行者的重要任务。"

这一年，特区特别是深圳开始系统化和理论化地总结和推广自己的经验。为了推进开放城市的工作，国务院委托深圳特区举办十四个开放城市参加的"经济开放研讨会"学习班，介绍深圳经济特区的经验。5月，南斯拉夫南共联盟中央主席马尔科维奇到深圳访问，这是特区接待的第一位外国领导人，此后，又有坦桑尼亚总理、缅甸总统、挪威首相、苏联部长会议第一副主席、加拿大参议院议长、各国驻华使节等外宾访问特区。中国的经济特区，引起了世界的广泛关注。特区，也渐渐成为名副其实的世界了解中国的窗口。

在此前后，国务院还决定扩大经济特区的范围。1984年7月16日，国务院决定在国务院办公厅特区工作组的基础上成立特区办公室，作为主管特区工作和沿海对外开放工作的直属机构。随后，广东省和福建省人民政府相继成立了特区办公室。在经济特区诞生后的第六个年头的春天，1985年2月28日，中共中央、国务院又决定将长江三角洲、珠江三角洲和闽南厦漳泉三角地区的59个市、县开辟为经济开放区。中国的对外开放格局，由建立经济特区的成功实践起步，向更广地区、更多领域、更高层次迈进。

第二篇

广东市场经济改革

进入 20 世纪 80 年代中期，随着经济特区的成果斐然，全国改革进入新阶段。广东也在更大范围内探索市场经济改革：产品价格改革、要素市场化改革、珠三角地区兴起。

　　广东市场经济改革，在再次取得了巨大的成绩的同时，也引起了巨大的争议。邓小平的第二次南方之行，一锤定音，认可了广东市场改革的成果，建立了社会主义市场经济。从此，全国一盘棋。

第 七 章

广东市场经济改革的背景

进入20世纪80年代中期，广东进行市场经济改革的背景是，全国改革进入新阶段。民以食为天，全国出现了卖粮难，坚定了改革者的信心，十二届三中全会通过的《中共中央关于经济体制改革的决定》提出，"有计划的商品经济"，加快以城市为重点的经济体制改革步伐。同期，国家财政开始移植在农业部门实验过的一包就灵的经验，搞起了财政承包制。财政承包制提高了地方政府发展辖区经济的积极性。

第一节　全国出现了"卖粮难"

农村改革最紧要的部分是家庭联产承包责任制的推行。1978年，安徽省凤阳县小岗村率先实行了"包产到户"的家庭联产承包责任制，取得了明显的效果。虽然伴随着批判的声音，但小岗村的"大包干"终究得到了邓小平和时任安徽省委书记万里同志的认可，并最后在全国推广开来。1982年1月1日，中共中央批转《全国农村工作会议纪要》。在这份中国共产党历史上出台的第一个关于农村工作的一号文件里，中央明确指出目前农村实行的各种责任制，包括小段包工定额计酬，专业承包联产计酬，联产到劳，包产到户、到组，包干到户、到组等，都是社会主义集体经济的生产责任制。

实行"包产到户"，是指农户作为独立个体承包集体的土地和生产资料，按照合同规定进行生产和经营。农民的收入只需按规定上缴一部分给国家和集体，剩余部分完全归农民所有。这就意味着农民个人的付出与收入挂钩，农民生产的积极性大增，也拥有了生产的自由。他们可以将多余的粮食出售，从而形成自由市场。除了上缴的公粮外，农民可以自己决定种什么粮食、种多少粮食来获得更高的经济效益。

家庭联产承包责任制调动了农民生产粮食的积极性，粮食产量开始飞速上升。1979—1984年粮食总产量年均增长率为4.2%，远高于农业集体化时期1953—1958年的3.4%。1984年粮食总产量40730万吨，人均390公斤。但粮食一多，又出现了"卖粮难"的难题。最初，"卖粮难"的报道只在个别地区出现，但是几年里逐渐成为全国的普遍状况。卖粮难、运粮难、储粮难，这些既有仓储能力没有跟上、流通环节不畅的原因，又有粮票制度下百姓需求弹性不大等缘故。1984年底的全国农村工作会议上，"卖粮难"的问题成为会议的重点。东北地区库存积压玉米二百多亿斤，是当地可消费量的三倍多。连过去一直靠从外地调入粮、老是担心"要粮难"的宁夏，也出现了"卖粮难"的情况，全区有十亿斤粮食亟待找出路。当时代表们讨论认为，根本问题是要按商品生产的观点，按价值规律来发展农业生产，用放开的办法，实行市场调节。所以要让农民直接面对市场，根据市场需求组织生产，让农民有真正的生产和经营的自主权。要把农民过去向国家交"贡献粮"的观念改变为"商品粮"的观念，改变只是为了完成征购任务而生产，而不是根据国内外市场需求生产的状况，让农民根据市场调整品种、调剂余缺，避免产销不对路。① 1985年，中央对粮食统购统销政策进行了市场化改革，总体上终结了过去完全意义上的国家统购制度，正式确定了粮食市场价格双轨制的制度基础，实现粮食合同收购和市场交易

---

① 讲话内容来源于1984年12月31日的《经济日报》第1版的《中共中央召开全国农村工作会议确定今后工作任务 农业应协调发展 办法就是放开 赵紫阳万里作了重要讲话 胡耀邦会前部署了调查研究工作》。

开始同步运转。但由于改革的复杂性和艰巨性，这次改革最终结果是 1985 年粮食减产，改革以失败告终。

家庭联产承包责任制的实行不仅使粮食产量增加了，更重要的是它把过剩的农村劳动力解放了出来。这大大促进了农副产品的生产和农村工业的发展，农贸集市不断扩大，以容纳手工业和制造业。根据 1978 年和 1982 年的数据，农村居民收入的来源中，家庭副业的比例大大增加，甚至超过了集体劳动的占比。生产力解放后，政府也借机发展各级乡镇企业，来吸收这部分剩余劳动力，农村的产业结构、经济结构、城乡差距等也随着乡镇企业的兴起得到改善，农村经济也因此兴旺、繁荣起来。

第二节　全国改革重点转到城市

农村改革的成功增强了改革者的信心，改革者们开始把农村改革中积累的放开市场和承包生产的经验运用到城市改革当中。"第二次农村包围城市"开始了，掀起城市改革的浪潮。

1984 年 10 月，党的十二届三中全会通过《中共中央关于经济体制改革的决定》，确定社会主义经济是"公有制基础上的有计划的商品经济"，明确提出了加快以城市为重点的整个经济体制改革步伐的思路。"对内搞活，对外开放"成为当时的基本方针。

当时的关键词是"搞活企业"。由于计划经济体制下形成的政企职责不分、条块分割，国家对企业统得过多过死、忽视商品生产、价格规律和市场的作用，分配中的平均主义，企业吃国家"大锅饭"，职工吃企业"大锅饭"的局面，严重抑制了企业和职工群众的积极性和创造力，很大程度上失去了社会主义经济的活力。所以"简政放权，搞活企业"成为经济体制改革的中心环节。

企业改革主要有两方面，一方面是简单、迅速和富有成效的改革措施，即允许个体企业和集体企业的发展；另一方面是复杂、持续和难以见效的改革任务，即搞活国有企业。对于国有企业，政府实施了承包制、租赁制等改革措施，进行以厂长负责制、工效挂钩、劳动合同制为内容的企业领导、分配、用工等管理制度的改革，以增强企业的内在活力。

原本个体企业是不被看好的存在，对个体企业雇用员工的数量也限制在了七个，不然会被冠以"资本家"的名头。但从1980年开始，为了解除国有企业的垄断，国家放宽个体企业的发展，允许个体企业雇用七个以上员工，"资本家"被"个体户"代替，报刊开始称赞这些因个体企业而致富的人了。1982—1983年，很多古老的服务业重新兴起，同时新兴服务业如信息、科研等开始出现。到1984年，全省有70万人在约53万间个体商业企业中工作，另外有超过10万人从事个体运输业务。1988年，雇用七人以上的私营企业出现，成为一种新的、更具吸引力的企业种类。

城市经济体制改革开始了，对劳动力的需求不断扩大。是否放开人口流动成为决策者面临的实际问题。此前，国家对人口流动一直采取限制措施，农民想要进城落户是难上加难。1964年8月《公安部关于处理户口迁移的规定（草案）》就体现了当时户口迁移的两个"严加限制"基本精神，即对从农村迁往城市、集镇的要严加限制；对从集镇迁往城市的要严加限制。但出于城市改革对劳动力的需要，国家开始放松户口迁移的限制。1984年10月13日，国务院发出《关于农民进入集镇落户问题的通知》，"要求各级人民政府积极支持有经营能力和有技术专长的农民进入集镇经营工商业，公安部门应准予其落常住户口，统计为非农业人口，口粮自理。"由此，户籍制度开始松动，农民可以自理口粮进集镇落户。1985年7月，《公安部关于城镇暂住人口管理的暂行规定》的出台标志着城市暂住人口管理制度走向健全，同年9月，作为人口管理现代化基础的居民身份证制度颁布实施。户籍制度的改革又一次"解放"了农民，让农民不再被原本城乡二元的户籍制度所限制，可以享受自由迁移的权利，到城市谋求发展机会。

第三节　全国搞起了财政承包制

1980 年，国家在"分灶吃饭"的财政体制的基础上，开始实行财政包干制。政府实行"划分收支、分级包干"的财政体制，即对收入进行分类，分成划分固定收入、固定比例分成收入和调剂收入三类。财政支出主要按照企业和事业单位隶属关系划分，地方财政在划分的收支范围内多收可以多支，少收可以少支，自主平衡。

1985 年的财政体制改革主要在国营企业"利改税"的基础上进行。"利改税"是将过去国营企业财政缴款的形式从上缴利润改为缴纳所得税。从 1983 年 6 月 1 日起，国家开始实行"利改税"的第一步，即对有赢利的国营企业征收所得税，把企业过去上缴的利润大部分改为用所得税的形式上缴国家，此时税利并存。"利改税"的第二步，是将国营企业原来上缴国家的财政收入改为分别按 11 个税种向国家交税，由税利并存逐步过渡到完全的以税代利。在第二步的基础上，1985 年，国务院决定对各省、自治区、直辖市实行"划分税种、核定收支、分级包干"的财政体制。

1988 年，由于多年出现财政赤字，国务院颁发了《关于地方实行财政包干办法的决定》，全面实行财政承包制。具体做法包括对 37 个地区实行收入递增包干、总额分成、总额分成加增长分成、上解额递增包干、定额上解、定额补助等包干办法，包盈和包亏都由地方自行负责等。这个体制的好处是让地方有更大的自主权，调动了地方发展经济的积极性，能够更灵活地安排支出，顺应改革和经济发展的需要。

1988 年的财政包干制也存在弊端。首先，它弱化了中央政府的宏观调控能力，把中央财政包死了，地方政府留的过多，中央财政所得份额过少，中央财政不能随着经济发展水涨船高。其次，它强化了地方保护与无序竞争，因为是按行政隶属关系划分财源和财力，地方很有可能对市场进行不合理的干预，助长地方贸易保护主义。此外，它还束缚了企业活力，助长投资膨胀与结构失调，这是因为各级政府会格外关照"自己的企业",如果企业境况不好还是要依靠政府搭救,所以不存在什么优胜劣汰的机制,企业也就不能被激发出活力和潜力,自主经营能力差,新新旧旧的"大锅饭"依然存在。①

整体而言,大包干,对农民而言,"交够国家的,留够集体的,剩下的全是自己的",获得了剩余索取权,极大地提高了种粮积极性,种出了"卖粮难";对地方官员而言,交够中央的,剩下的也都是自己的,获得了辖区经济发展的剩余索取权,极大地提高了以改革促发展的积极性。

---

① 谢旭人主编:《中国财政改革三十年》,中国财政经济出版社 2008 年版。

第 八 章

广东的价格改革

建立商品经济，商品价格改革先行。广东的价格改革为国家早期商品经济发展杀出了一条血路。1978 年改革开放前，国家一直处于计划经济体制下，全国的价格管理体制和价格体系存在许多问题，经济一度处于短缺的困境，人民的物质生活需要得不到很好的满足。为此，全国范围内曾实行过以"调整价格"为主要手段、在旧体制下进行的价格改革，但显然没能从根本上解决问题。广东认识到调价不是长久之计，要真正提升人民生活水平，必须以市场经济为导向进行经济改革、找出办法建立市场经济价格机制。之后十多年的时间里，广东的改革者走了一条"放调结合、以放为主、放中有管、分布推进"的价格改革新路子。这种方法被证明是正确的。因为对于普通的老百姓来说，物价是敏感问题，和生活息息相关，所以物价但凡稍有起伏，正如 1988 年价格闯关那样，都会引起百姓的热议和心理波动。因此，只要改革物价，改革过程就必须徐图缓之，循序渐进。

广东价格改革做对了。广东根据不同商品情况，分类放开，分期放开，分步放开，先易后难，分层管理，避免引起震动过大。对于具有全局性的几种商品，控制关键性的几种，放开其他，以利调控。具体来看，广东选择先农副产品、后工业产品，先消费品、后生产资料的顺序，一步步放开了物价。整个价格改革主要经历了三个阶段：1979 年到 1984 年，政府"调放结合，以调为主"；1985 年后，"调放结合，以放为主"；进入 90 年代，实行"调、放、管"相结合，逐步实现"政府调控市场，市场形成价格，价格引导企业"的机制。

第一节　放开鱼价

20世纪70年代末，广州物资匮乏，人民生活非常艰苦，餐食以瓜菜代。粮油面、猪禽蛋、牛羊肉、水产品、豆制品等样样凭票供应，定量少，品质差，仍供不应求。米是陈年三级米，面是标粗面粉，油有时是米糠油，"三鸟"（鸡、鸭、鹅）一年到头每人也供应不上一只。

有一种在人们中间广为流传的说法叫"四季如春没菜吃，鱼米之乡没鱼吃"。还有"三个不"——"电灯不明，电话不灵，道路不平"。电灯不明是指电力供应紧张，通常是开三停四，媒体甚至刊登了一幅"从冰箱里拿出烤鸡"的漫画，来反映经常停电的生活现状；电话不灵是指打电话还不如骑车快；道路不平是指坑坑洼洼的道路。

在人们的眼中，广州地处珠江三角洲，素来是鱼米之乡，很难想象居住在这片水网纵横且临近南海的土地上的人们，会吃不到鱼。但事实就是如此，广州曾有十多年"吃鱼难"的历史。在当时的计划经济条件下，一切都要凭票，广州人买鱼也是要用鱼票的，每人每月，限发二两鱼票，还有使用期限，过期作废。鱼票能不能全部兑现，这还得拼排队的技术，天不亮就要去排队，因为鱼往往一两个小时就卖光，必须眼明手快才能拎回一块鱼，大多数时候还是死鱼。而那些排队功夫差一点的市民，这鱼票未必花得出去。据时任广州市水产局局长的尹春晏回忆，"我们一家五口人，就把五张鱼票集中起来，清早起床带一个小板凳去排队买鱼，买到了，五口人这个月就能吃一斤鱼；买不到，这个月就没有鱼吃"。

根据当时人们的描述，市场上只有少量定量供应的牌价鱼，没有议价鱼出售。牌价鱼品种少、质量差，传统卖活塘鱼的经营特色更是绝迹。这是因为在"政府定价、统购统销"的制度下，政府向农民收购每斤活鱼的价格只比死鱼贵两分钱，优质没有优价，农民因此丧失了养鱼的积极性，并且活鱼经常在提运过程中被摔死。塘鱼从年上市量40万担下降到30万担，冰鲜鱼"烂鱼充数"、名贵的河鲜杂鱼则绝迹。有时省、市下调令也调不上来，甚至暂停外贸出口也解决不了问题，市民们"望鱼兴叹"。买不到鱼的市民非常生气，纷纷把鱼票寄给市政府，这些"雪片般飞来"的鱼票对政府工作人员的刺激很大。

当改革开放开始，在产品经济向商品经济过渡的初期，精明的广州人，用行栏货栈参加市场竞争。1979年，广州市陆续恢复和新办了信托贸易、水产、牛羊、禽蛋、日用杂品、果品、中药材、粮油、百货等贸易货栈。由于贸易货栈具有交易灵活、信息灵通、联系面广、购销方便等优点，所以它一开始就对舒畅商品流通渠道，减少商品流通环节，活跃城乡、地区间的物资交流起了良好的作用。1978年12月25日，由广州市水产总公司办的全国同行中第一家国营河鲜货栈成立，实行产销见面、随行就市、按质论价、溢价成交。经营方式由全派购改为半放开，每年只固定派购30万担，派购价格提高30%，超产部分不论多少，自由处理，由市场决定价格，这标志着广州在全国率先半开放了水产品市场。

接着广州又办起了咸鱼海味货栈、塘鱼货栈和海洋鲜品货栈，积极开展计划外水产品的议购议销业务。同时，市区又开放农贸市场，发展个体经济，允许农民进城卖鱼，允许长途贩运。但这并不意味着"统购统销"制度的终结，毕竟只有计划外的河鲜海鲜才能在这里以议价自由贸易，计划内的水产仍要按照定价挂牌交易。但就是这个看似还不够大的变化，一下子激活了鱼市场。

1982年春，经周密调查和审慎考虑，广州市委正式改革价格政策，率先全面放开塘鱼价格。虽然面临着价格上涨的压力，但改革者没有迟疑，坚持放开鱼价。事实的发展印证了改革者最初的判断，因为塘鱼生产周期很短，到了1980年，自由上市量很快就增至49万担，价格降至每斤约1.03元。随着市面上的鱼越"游"越多，鱼价也慢慢往下走了，到1985年，每斤的价格降到了0.9元。

由于价值规律的作用，每当放开一个市场时，必然会同时引起价格的上涨，即所谓的"阵痛"，这就不可避免地引发人们的恐慌和对政府的责难。放开水产品价格之初就经历了一个阵痛期。1979年完成派购后，自由上市量只有19万担，零售价每斤3.22元，是当时计划内的好几倍。一斤大头鱼涨到了3元，鲩鱼涨到了3.6元，跟人们几十元的工资比起来，那价钱只能用一个字来形容，贵！对普通老百姓来说，拿着鱼票，一个月费老大劲才能买上半斤死鱼是不好受，可这3.6元一斤的贵价活鱼更是吃不起。对当地官员来说，这些压力可不是闹着玩的，弄不好就会丢了乌纱帽。市民议论纷纷，说"有议价鱼，无议价工资"，"牌价鱼少，买不到；议价鱼贵，吃不起"。于是，一封封投诉信又寄到市政府，说影响到了市民生活。根据当年《南风窗》杂志的报道，还有人联名上书中央，称"放开鱼价"对市民生活造成了冲击。一时间，广州的水产部门成了众矢之的的"出头鸟"。但广州的改革者还是顶住了压力，因为市场的调节功能很快发挥了作用。

随着水产品价格的放开，郊区和四乡养鱼人的积极性被调动起来，塘鱼产量迅速增加，进入广州城的鲜鱼逐年递增。1978年，广州市只有鱼塘5.84万亩，总产量18.6万担。1983年已增加到10.06万亩，总产36.1万担，增加近1倍。1978年，广州市面上的鱼货供应量只有99万担，到1983年，供应量增加到150万担，1984年又增加到了近200万担。普通市民日常需要的塘鱼、咸鱼、冰鲜鱼、河鲜杂鱼、海味等应有尽有，光河鲜杂鱼品种就由原来十多个增加到七十多个，以前曾消失的名贵产品，如基围虾、凤鳝、石斑等，现在又源源上市了。

随着鱼类的供给越来越多，1980年议价鲩鱼就降为2.07元，1983年为1.70元，1984年上半年继续下降为1.40元左右，比牌价贵不到5角，若扣除鲜活等质量因素，价差更小。而鳊鱼的价格更降到了1元以下，跟牌价的价格差距大大缩小。开放初期一斤议价鱼约等于一斤议价瘦猪肉，此时一斤议价瘦猪肉的钱可以买两斤鲜鱼。

1983年，广州人均吃鱼70多斤，同期全国的人均消耗量只有10

来斤，广州成为全国第一个解决了"吃鱼难"的大城市，北京、上海的市民要想过上这样的日子，还得再等上好几年。[①] 后来拥有出口权利的深圳特区也放开了水产市场，广州就将一部分水产卖给深圳，由深圳出口来赚取外汇。

值得一提的是，水产市场由静到动，货栈可是起了大作用。河鲜货栈按价值规律运行，广开货源渠道，经济效益显著提高，十年间销售额增加 100 倍，利润增加 13 倍，经营品种从 10 多个增加到上百个，成为广州河鲜市场的一大支柱。

从"鱼米之乡没鱼吃"到"鱼儿满塘游"，从食"死"鱼到食活鱼、食海鲜，广州水产市场的这一明显变化引起了各方面的重视。1983 年 11 月 19 日，《羊城晚报》一版头条为《广州初步解决"吃鱼难"问题》，其中提到广州市水产总公司当年仅用 10 个月就销售水产达 3000 万公斤，免除了国家政策性亏损（年补约 710 万元），甚至还赢利 300 多万元。1983 年 12 月 18 日，《南方日报》一版头条新闻题为《喜看广州市民"食有鱼"》，介绍了广州水产市场改革开放的成功经验，认为取得的成绩是计划经济与市场调节的成功结合。

1984 年 1 月 4 日至 14 日，农特渔业部在广州召开全国城市水产品生产供销工作会议，推广广州开放市场的做法，这次会议是新中国成立以后最大的一次水产会议，农牧渔业部部长林乎加、国家水产总局负责人孟宪德以及全国各省、直辖市、自治区的水产厅（局）长、水产公司的经理、大中城市管财贸的副市长都来参加了这次会议。时任广州水产局党委书记的尹春晏在会上介绍了广州改革水产品流通管理体制的做法，会议也取得了圆满成功。会议期间，广州方面的工作人员安排组织了与会者参观一德路的水产市场，为避免错过早市，他们夜里一点将与会者叫起床，带领大家来到一德路。大家看到市场一片繁忙，灯火辉煌，产品应有尽有，都非常惊奇，纷纷说"这样搞水产

---

① 全国政协文史和学习委员会编：《十四个沿海城市开放纪实·广州卷》，中国文史出版社 2015 年版。

就有搞头了"。会议后，来广州取经的人更多了，《羊城晚报》也做了详细的报道，广州市水产市场的改革乃至流通领域的改革得到了全国的认可，在一定程度上推动了全国范围的改革，为市场经济的建立提供了很好的实践经验。

1985年3月，国务院发出了"关于放宽政策，加快发展水产业，水产品划为三类产品，一律不派购，价格开放，实行市场调节"的指示。4月1日，广州取消了最后一张鱼票。随着广州水产市场的全面开放，沿袭了几十年的凭票买鱼彻底成为历史的回忆，市财政给国营水产企业的补贴也同时取消。现在，广州已经发展成为全国最大的水产品集散地之一。①

广东不但解决了"吃鱼难"的问题，还将价格改革的影响扩大到了全国其他省市。例如，广西梧州的市民就吃上了来自广东的"上水鱼"。原来在广东鱼市放开前，都是梧州的鱼运到广东，但广东放开了市场，促使珠江三角洲农民不断挖塘，淡水渔业迅猛发展，不仅满足了广东市场的需求，大量的鱼还沿着西江溯流而上运到了梧州，平均每天上市的鲜鱼近2000公斤，占领了梧州近一半的鱼市，于是梧州的鱼价也得到平抑了。更重要的是，梧州人民从中受到了启发："广东先行开放，梧州跟着受益。"梧州的观念转变了，也开始转变改革的步调。1985年底，梧州市取消了鲜鱼的派购，与广东省南海县水产部门开展横向经济联合，一方面联营鲜鱼，另一方面学习广东搞活渔业生产和流通的经验。慢慢地，梧州鱼市也活跃了起来，水产品结构也改善了。梧州的例子只是当时全国各地学习广东的一个缩影，像北京、上海这些地方也纷纷学习、借鉴广东经验，放开水产品市场，相继解决了吃鱼难的问题。

在水产市场的带动下，1984年11月，广州市的蔬菜流通领域改革也开始了，广州市经济领域的改革又向前迈了一大步。

---

① 中共广州市委党史研究室编：《亲历改革开放2：广州改革开放30年口述史》，广州出版社2018年版。

第二节　放开菜价

早在 20 世纪 60 年代，由于计划经济体制的影响，蔬菜就出现过紧张的问题，导致市民没有菜吃，而应对方针就是一味扩大蔬菜的种植，起先 4 万亩，后来扩大到 20 万亩。上面下了命令，农民们只得照做，可是想什么办法来增加产量呢？为了完成任务，只能光讲数量不讲质量，菜农一般只会选择通菜、西洋菜、军达菜这些好种、产量大的品种，到秋季时就种点白菜。种出来的菜大多是"粗菜"，即质量不好的菜。其中大部分是通心菜，有半米来长，却只有 1/3 能吃，还有 1/3 当垃圾，1/3 喂牲口，所以"可食率"成为当时的专有名词。老百姓戏称其是"无缝钢管炒肉丝"，因为市场卖的通菜都长得很老，硬邦邦的，里面还夹有蚂蟥。这些粗菜都被蔬菜公司收来供应市场，结果市民很难买到质量好的菜，更不要说像现在这样有多种品种供挑选了。当时，社会上流传着市民们自编的打油诗："凉菜（西洋菜）长成白须公，通菜好似一条龙，芥蓝多渣芋头爽，白菜烂头又生虫……"

"计划经济下的价格管制，违反了价值规律，流通体制僵化，是造成这种状况的主要原因。"广东省原省长朱森林回忆。[1] 1958 年后，蔬菜批发部和市场全部改成国营，成立蔬菜公司，负责全市蔬菜的货源组织、安排市场供应等事宜，蔬菜价格由蔬菜公司确定，再由物价局批准，价格就这样一下子定死。

针对这个问题，广州市委成立蔬菜领导小组和商业部门一起负责蔬菜的生产与销售问题。小组意识到蔬菜的价格虽然不能全部开放，但也不能管得太死，于是提出一个上下幅度议价的方案，在海珠区搞一个试点，把价格放宽了一点，即上面可以上升 20%，下面也可以下

---

① 《改革开放就是"圣火"，它照亮了中国的道路》，《南方日报》2008 年 4 月 28 日第 A03 版。

降20%，价格放宽一点，质量和数量马上就有所上升。但是菜价高了，群众又有意见，于是只好又收回这一方案。

1983年，广州蔬菜公司也曾做出一些尝试，将统购统销改为"大管小活"，即只管冬瓜、土豆、叶菜、地瓜等大宗品种，由公司与菜农签订合同，分期收购包销；对于小品种如调味菜、生姜、蒜头，地方名牌品种，和反季节品种，则不限价，随行就市，占总上市量的5%—7%。经过一段时间的实践说明，"大管小活"较过去的统购统销前进了一步，菜农尝到了一些甜头，市场上品种有所增加。但是，农商矛盾依旧没有得到彻底解决。淡季菜少时，菜农往往把菜运到农贸市场，或者直接高价卖给宾馆、酒家和机关团体伙食单位，把次菜、粗菜交给国家包销，造成国营市场卖次菜，农贸市场卖好菜的局面。而旺季菜多时，大量滞销菜涌向蔬菜公司，造成菜烂亏损。1983年广州蔬菜公司亏损1680万元，1984年亏损1600万元。蔬菜公司亏损，国家补贴增多，群众还吃不上好菜，农商矛盾突出，蔬菜统购统销的体制的弊端越来越突出，已到了非改革不可的地步，放开价格是大势所趋。

1984年以后改革开放在全国全面展开，中央发表1号文，要求搞活商品流通渠道，各级部门也有文件要求调整农副产品购销政策，搞活市场。1984年5月7日，市蔬菜领导小组办公室、市农经学会在沙河联合召开蔬菜购销体制改革座谈会，打响了蔬菜体制改革的第一炮。5月24日，广州日报发表了题为《建议蔬菜购销实行全面开放政策》的消息，在全国率先提出了"按照价值规律重组蔬菜产销新秩序"的重大改革问题，在社会上引起极大轰动。

同年8月，中央办公厅有两位司长级别的官员南下广州，专门调查广州蔬菜改革问题。这件事很快也引起了小平同志的关注。他指出：全国大中城市蔬菜供应问题一直未能解决，希望广州能找到一条出路。

广州市行动很快，时任市委书记许士杰和市委副书记朱森林一起专门研究开放蔬菜市场的改革试点工作，决定于1984年7月在鹤洞开始试点，9月在黄埔区开始试点，放开蔬菜价格，搞议购议销。试点工作展开得非常平稳，在降低财政负担方面效果是明显的，当年黄埔区亏损就降到了不到 30 万元，而 1983 年黄埔区蔬菜亏损了 80 万元。

1984 年 11 月，在时任广州市市长叶选平的拍板下，广州"顶风"打响价格改革"第一枪"，开始全面放开蔬菜价格，实行开放经营，产销见面，议购议销。其具体做法可以概括为"三改、三管"：改计划管理为市场调节，改国家定价为随行就市，改国家商业独家经营为国家、集体、个人都经营，管蔬菜生产面积和购销网点，管基地菜农的生产，管对蔬菜公司和菜农的优惠政策。

但广州蔬菜价格全面放开也有过阵痛。当时价格上浮，加上天气影响，菜价上涨较大。市民情绪波动较大，社会反响强烈。有的市民因为白菜价格从每斤五分钱升为每斤三毛钱讽刺政府，说怪话道："形势大好，白菜三毛。"有些人甚至写信告到中央，震动了中南海。原中共广东省委书记林若同志回忆当年的情况时曾经说过："在这种情况下，是坚持改革，还是回头走老路？这是对我们的一个严峻考验。"改革要成功，自然是有风险的。对于领导者来说，在改革中工作做得越多，犯错误的机会也越多，所以很多人选择宁可无所作为也不要犯错。但广东的改革者最后还是顶着风险坚持了下去，将改革进行到底。

这次蔬菜体制改革对全国的影响很大，武汉在 1984 年初也改革过几天，不过后来因为菜价上涨马上就停了，只有广州把这次改革走到了底，并向中央汇报经验。这时，全国各大城市蔬菜购销体制已到了非改革不可的地步。不改革就没有出路，已成为很多人的共识。率先进行的广州市蔬菜购销体制改革对全国起了一定的示范作用，之后全国各大城市的蔬菜流通体制也放开了，为菜篮子工程建设打下了基础。这个曲折反复的过程凝聚了许多人的心血。武汉市一位负责人考察完广州蔬菜产销体制改革的进程和成效后说："广州市蔬菜产销体制改革是相当成功的。在它的成功背后，蕴含着广州市决策者、生产者、经营者、消费者以及新闻工作者同心协力促改革的参与意识和拼搏精神，正是这股合力，使贵市的蔬菜改革不断出新，不断完善。"

第三节　放开粮价

随着商品市场逐渐开放，广东终于迎来了价格改革最为关键的一环——放开粮食价格。粮食价格关系到千家万户，是百姓安身立命之本。计划经济时代，粮食实行的是统一收购统一销售的政策。直到1992年，所有城市居民还是家家有粮簿，人人有定量。所谓的统购统销，是指国家以补贴的方式，以统一的低价从农民手里收购粮食，再以统一的低价进行销售。这种米价在当时俗称"平价米"。几十年来，这一做法不仅令农民收入得不到提高并且没有生产积极性，城市的居民也只能长期吃着按定量供应的三级糙米。

在广东放开粮价的过程中，先行一步的是深圳经济特区。深圳在改革开放初期实行的也是粮票制度，每人定量很低。随着深圳建筑业等产业发展起来，大量劳动力涌入深圳，到1982年深圳人口已经达到五六十万人。当时只有户籍人口才由政府统一安排粮食供应，外来人口不能在深圳领粮票，只能依靠家里寄来，时间一长就青黄不接了，加上粮食定量低，粮票更加不够，有人甚至没有粮票，就引发了吃饭问题。

当时国家允许深圳到湖南、江西等地用高于国家牌价收购它们超出统购任务部分的粮食，这就形成了市价粮。自由市场的市价粮价格会更高，但没有户口、没有粮票的人只能去买高价粮。更糟的是，饭店里要吃主食也须支付粮票，所以没有粮票的人想去当时享有"天下点心，泮溪第一"美誉的泮溪酒家尝尝点心也不能如愿，只能无功而返。为此，各饭店也很头疼，毕竟他们也是想赚钱的，只是碍于粮票制度无法如意。饭店经理们的苦恼成为深圳取消粮票的导火索，因为时任深圳市副市长的周溪舞在这时批准了泮溪酒家不收粮票作为试验的建议，表示："不要大开口子，先试一下吧。"泮溪酒家一试，发现行得通，他们把点心按高价格卖给没有粮票的客人，大受好评，于是其他单位也开始实行了。然而大家都不强制要粮票了，粮食需求量自然增加，粮食供给就跟不上了，毕竟自由市场的高价粮也是有限的。周溪舞只好带着人四处找粮食。他们先跑到江西、湖南、湖北等产粮地区的驻深圳办事处，问能不能在当地买一些粮食，价格可以高点，但质量一定要好。人家说，粮食有，但是国家统购统销，管得严，大批量运不过来。只好又问能不能去农村高价收购些粮食，小包小包地运过来。就这样，尽管办事处的人担心违反国家规定，还是偷偷弄到了一些粮食。

出于这种物资短缺的考虑，加上两个市场、两种价格、购销倒挂、财政补贴等问题不利于生产、不利于流通，也不利于百姓生活，深圳开始动了取消粮票的念头。

放开粮食在提上明面前，曾经在老百姓间引起过一阵抢购潮。大家听说放开粮食后价格要翻好几倍，赶紧把剩下的定量米全部买回家，情况一时混乱。但借助特区的政策优势，深圳最后还是成为广东粮价尝试放开的试验田，打开了统购的政策口子，并开始逐步缩小统购统销的范围。但粮食放开的范围仅限于特区，连宝安这些关外区域尚不敢推行。1984 年 11 月 1 日，深圳经济特区大胆进行了粮食经营管理体制改革，率先取消粮食统购统销，实行议购议销，下放粮食管理体制，由定量供应改为敞开供应。改革方案是在 1983 年全市民用粮食销售一亿斤，省财政补贴九百余万元的基础上实行"一包二放"，"一包"指由省按高于牌价、低于议价的价格，每年调拨四千万斤粮食，并补贴八百万元；"二放"指取消居民粮票、粮卡，敞开供应。此前深圳做了应对准备，例如进行工资改革、提高群众对物价改革的经济承受能力，疏通粮食流通渠道等。放开时政府也通知国营粮食部门多准备一些粮食，保证粮食供给，如果其他地区出现抢购深圳粮的情况，再提高粮价、商量对策。但其实放开粮价后并没有出现太大风波。对于改革后出现的购销价格倒挂（进价高于销价）、销区价格低于产区价格、特区粮价低于内地等矛盾和现象，深圳积极应变，运用行政手段和经济手段调控，采取多种措施保障粮食供应。虽然深圳做好了心理准备，但放开粮食后还是出现过险情。比如 1985 年夏天，由于大雨，运粮车赶不过来，进口粮食又被台风牵制不能按时到达，而市场上的粮食只够五六天了，一度濒临"断粮"的边缘。幸而最后进口粮按时到达，断粮危机才算化解。

深圳特区放开粮价的措施、准备和应变的经验为之后广东乃至全国放开粮食市场提供了宝贵借鉴。1985 年，广东将粮油由购销倒挂改为购销同价，部分粮油价格放开，实行自由购销。此后有人提过放开粮食，但被驳回。然而广东还是迈开了这一步：1992 年 4 月 1 日，广东省进一步改革粮食购销管理体制，从当天起，全省粮食收购实行指导性计划和指导价，在全国率先放开粮食价格。由此，广东成为全国第一个没有粮票的内地省份。

1992 年全省粮价放开后，最高兴的是生产粮食的人。在粮价开放第一天的采访中，就有中山市的种粮大户喜悦地表示粮食销售价格放开，农民不仅可以增加收入，像他们这样的种粮大户们还可以减轻思想负担，多承包田多生产粮。作为广东省粮食主产区之一的花县炭步镇，在粮价放开后广大干部群众奔走相告，兴奋异常。镇委、镇政府把握机遇、因势利导，精心组织农民们进行粮食生产。他们根据市场需要，积极地调整水稻品种结构，扩大优质、高效品种种植面积，使优质、高效品种的种植面积占水稻面积的四成。此外，他们还结合先进的农科技术，增加农业投入，提高农田抗灾能力，建设水利工程，改善灌溉条件，并实行大面积机耕，提高粮食产量质量。高要县白诸镇政府也采取了行动，农技部门和粮食部门携手合作，联合扶持农民开展优质粮生产和购销服务活动。他们以优惠价格向农民供应优质粮食种子，为农民种粮进行技术扶持，并对粮食销售提供优质服务。像炭步镇和白诸镇这样的种粮重镇还有很多，受到粮价放开的激励，各镇都采取措施鼓励农民积极种粮并种优质粮，这样一来，不但市场上粮食供应量上去了，质量也同时得到保证。

有人喜，有人忧。粮农虽然高兴了，但有些人坐不住了。事实上，在广东物价改革的过程中最困难的正是粮价开放时，当年有的人说广东带了个坏头，有的人说广东抬高了全国的米价。广东历来是一个缺粮的省份，粮食价格放开后，省长或是秘书长曾带队带着外汇或是化肥、白糖等"硬通货"，到外省的粮食产区去采购粮食，但都收效不大。广东政府也是提心吊胆的，所幸后来邓小平南方之行以及十四大确定了社会主义市场经济的发展方向，粮价开放才算顺利落地。

广东为了稳定粮食供应，与粮食相关的体制改革仍在继续。1993年8月27日，广东省政府又发出《关于保护和稳定粮食生产问题的通知》，建立起粮食生产保护制度。通过多方努力，到1995年，广东粮食产量上升到350亿斤，彻底解决了"米袋子"问题。

广东的价格改革同时也伴随着外贸体制改革方面的进展。大部分进口商品国内销价逐步与国外价格相对接，而出口商品的国内收购价，随着国内价格放开搞活，也逐步与国外卖价联系起来。广东的商品市场与国际市场更好地对接在一起。

第四节　价格改革扬起新观念

广东改革者不顾"阵痛"，顶着来自各方面的压力和风险坚持到底，最终得到了丰厚的回报：一是成功实现了价格闯关；二是赢得了百姓的信任，而后者是更令人欣慰的。就拿当时广州放开鱼价来说。鱼市一开放，鱼价就像脱缰野马，鲩鱼一下子涨到四元多一斤，翻了4倍，老百姓有些顿足骂娘了。但市领导选择顶住压力，不为所动，慢慢地供应增加，鱼价开始稳定并回落，市民也开始接受现实。有的人说："过去物价稳定，但没有东西卖，现在贵一点，总比没有好。"所以说广州放开鱼价意义非凡，它打响了价格改革第一炮，它使市民从此相信了市委领导开放、改革的能力，为日后进一步改革打下了群众基础。事实证明在后来开放蔬菜、开放肉禽蛋，价格也有较大波动，但市民反应的强烈程度确实在逐渐减弱。这是因为他们懂得价格放开一段时间后，价格往上一涨，农民的生产积极性就被调动了，生产者一积极，市场上的东西就会多起来，价格终究会回落并趋于稳定，也就是说，老百姓对改革产生了信任感。

　　广东的价格改革最难能可贵的地方，在于它带来了人们思想观念的改变。改革刚开始的时候，其实很多普通人都难以接受。由于人们的观念仍然被计划经济年代的思想束缚着，对市场经济依旧保持怀疑和抵触，对广东的看法也出现了"香臭之争"。面对外部的争论，广东省的历任领导十分重视观念更新。当时的省委书记任仲夷同志就曾勉励干部要解放思想，大胆改革，更加开放，敢于变通。这也为广东商品经济的发展打下了坚实基础。

　　这种思想观念的变化也逐渐渗透于广东邻近省份。原本由于广东商品经济的发展影响到邻省的商品供应，旧观念下的老百姓不禁感到又愤慨又排斥。但随着时间的推移，人们渐渐认识到商品经济给生活带来的好处，观念上也开始认可。于是很多地方开始学着广东流通搞活，地方经济也发展起来。

　　商品经济是历史的必然，价格改革既有必然性，也充满着艰巨性。所幸经过多年实践，人们的认识终究超越了几十年经济建设的传统观念和理论，创造了许多新观念、新想法、新经验、新理论。困难被不断克服，非议一一得到纠正，地区封锁被打通，"香臭之争"有了很好的结论。人们对市场经济的认识和感情，如同经济建设一样，步上了一个个新台阶。

　　回顾广东的价格改革，正如邓小平同志指出的："价格改革是个很大的难关，但这个难关非过不可。"物价改革的过程确实困难重重，但广东做到了。广东改革者在价格改革过程中体现的大无畏精神和冷静果断，依然给予后继者们宝贵的启发。

第 九 章

广东的要素市场改革

要素市场的改革是相当重要的环节，广东在这方面的尝试显得十分激进和大胆，从基础设施的建设中进行商品化，到科技研发方面进行的一系列激励政策和当时充满争议的"星期六工程师"，再到关于民工潮的各种处理，广东的先行一步，看似偶然，实则必然。

第一节　基础设施商品化

"要想富，先修路。"工业化与基础设施的发展相辅相成，基础设施水平也是投资的硬环境，基础设施建设的发展可以说是一个国家或地区经济发展的必要前提。

改革开放初期，广东的基础设施其实处于落后的状态。能源、交通和通信反而是广东国民经济发展的薄弱环节，成为广东经济发展的掣肘。以省会城市广州为例。广州市就是广东省的缩影。改革开放初期，广州的基础设施落后，能源、交通、邮电、住房、宾馆各方面水平处处制约着经济的发展。能源上，由于电力紧缺，有些企业只能"开四停三"，生产受到限制，市民则要常备蜡烛和煤油灯，以防停电。交通上，广州当时只有广九、广三、广韶铁路，南运货物常常堆积在火车站，高等级公路也很少，跨江大桥只有两座，路桥时时堵塞，"乘车难""运货难"，交通非常不便。邮电上，全市市话容量不到两万门，长途电话只有281条，全是人工接线，加上设备陈旧，有句顺口溜是"广州有一怪，骑自行车比打电话快"，说明了当时通信水平落后。虽然广州年年举办"广交会"，但宾馆数量增长却跟不上外商涌入的节奏。这一切都迫使广州市政府加快了建设基础设施的步伐。[①]

解决基础设施建设问题的关键在于资金。原本建设的资金全部来源于国家投资，施工任务由行政分配，但国家财力有限，能分到的建设资金只是杯水车薪。随着中央对广东实行财政大包干、基础设施下放地方的政策，广东面对基础设施建设低水平发展的状况更是倍感压力，迫切地需要探索出基础设施发展的新路子。广东是怎么做的呢? 邓小平同志说"摸着石头过河"，广东就"摸"着想到了"基础设施商品化"的办法。广东率先提出"基础设施商品化"的发展思路，按"谁投资，谁收益; 你发财，我发展"的原则，大胆地把市场机制引入投资领域，大力改革投资机制，成功地闯出了一条加快基础设施建设的新路。

在"谁投资、谁经营、谁收益"的思路下，广东创造了很多先例。基建设计施工采用招标评比办法后，出现了广为人知的国贸大厦的"深圳速度"。深圳国际贸易商业大厦高 160 米，共 53 层，由中建三局一公司负责施工，是当时全国最高建筑。从 1982 年 10 月至 1985 年 12 月 29 日，它只用了 37 个月即竣工，以三天一层楼的绝无仅有的速度建成，创造了建筑史上的新纪录。因此，"三天一层楼"成为享誉中外的"深圳速度"的象征，被常用来形容速度特别快，效率非常高，彰显了深圳"敢闯敢试""敢为天下先"的特区精神。邓小平同志 1992 年视察南方时也特意来此参观。

在 1981 年，广东在全国开创了"以桥养桥，以路养路"的先河。这是因为改革开放初期，很多外商对投资国内的基础设施建设本来是有兴趣的，但他们要求要尽早收回资金，并拿到相应的投资回报。而政府财力有限，显然不能由政府提供这部分回报，于是政府想到可以

---

① 魏伟新、王利文: 《辉煌广州三十年: 广州改革开放三十年基本经验研究》，广东人民出版社 2008 年版。

通过收取过桥费、过路费偿还这部分贷款，并保证投资者能有所收益。同年，广东省交通主管部门向外商集资 1.5 亿港元，并自筹资金 8000 万元人民币，将广深线的两个渡口和广珠线的四个渡口改渡为桥，通过收取车辆通行费来偿还贷款。1984 年 1 月 1 日，广深线东莞中堂大桥建成通车并投入使用，并一举建成全国首个路桥收费站，闯出了通过"贷款修路、收费偿还"，加快公路基础设施建设的新路子，极大地推动了全省公路建设的发展。

洛溪大桥也是在此政策下修建的众多大桥之一。当时霍英东和何贤等人提出投资建设洛溪大桥，并征收过路费来偿还投资，首开了内地引进外资建桥的先河，使内地桥梁建设走向市场化和产业化。洛溪大桥于 1984 年筹建，于 1988 年建成并通车，全长 1916.04 米，在当时是亚洲同类桥梁之冠，是当时全球排名第六位的桥梁，被列为广东省十大成就之一，也是国内首例过路过桥收费以偿还外资贷款的大桥。洛溪大桥的建立是番禺区人民的福音，从前，番禺和广州只能依靠古旧、遥远的洛溪渡口进行往来，但洛溪大桥的建立沟通了珠江两岸，将两地的距离缩短为短短的 1916 米，番禺也因此发展了起来、繁华了起来。洛溪桥建立后，经省政府批准，大桥在番禺一边设站收费，所得归番禺市政府统一还贷。洛溪桥虽好，修建前也有反对的声音，有老人说："我革命了一辈子，为什么还要留下买路钱？"还有人称之为"资本主义"。最后是省领导、市领导力排众议，通过了建桥修路计划，并在此后将这一方法推广到了全省。2005 年 6 月底政府还清全部建设贷款本息，2005 年 7 月 1 日 0 时起洛溪大桥收费站终止收费，成为中国国内第一座取消收费的公路桥，这就是后话了。

1990 年，全省共征收养路费和公路建设资金 7 亿多元，比 1983 年增长 1 倍多，之后每年都有大幅度增长。1992 年，受邓小平南方谈话精神的鼓舞，"以桥养桥""以路养路"的政策也在不停地改革和发展：通过产权改革，通过资本市场进行资产运营，盘活改革开放以来不断积聚的巨额固定资产。股份制是这种改革的一种形式。1994 年，是新办法建成第一座新桥通车的 10 周年，至此全省共投入公路建设资金355.5亿元，为改革开放前30年总投资的93倍，建成桥梁3900座，实现了全省主干线无渡口通车。全省通车里程75723公里，其中高速公路299公里，一级公路1575公里，二级公路4645公里，填补了改革开放前广东没有高速公路和一级公路的空白。

随着"以路养路""以桥养桥"的提出，广东开始实行"以水养水"。1981年，广州市在全国率先实施了"以水养水"：经市委常委会议两次讨论研究，同意广州市自来水公司实行"以水养水"，即利润不上缴，留给企业作为维护和扩大再生产的基建费用，广州市自来水公司成为全国首个实行"以水养水"自收自支的企业。实行"以水养水"，把自来水公司的利润85%返还用于自来水建设，15%用于职工福利奖励基金，保证了资金投入，使企业能针对供水事业存在的问题，按"急重缓轻"次序有计划和合理地安排基建项目和投资，使不少基建工程做到当年投资、当年建设、当年投产，有效地发挥投资效益，每年养水资金达7000万—8000万元。政策实施后，广州新建了石门水厂，改、扩建了西村、车陂、新塘、江村四间水厂，同时完善了相关供水设施，大大增加了供水能力，还解决了老城区缺水缺压的问题。① 西村水厂原厂长刘正炜回忆，实行"以水养水"后，大大加快广州自来水建设步伐，职工福利得到稳步提高，"作为第一个'以水养水'的企业，当时我们公司为全国树立了一个榜样"。广州市自来水公司依靠"以水养水"政策快速发展，效果显著，到1983年用户来信、来电、来访反映缺水缺压的投诉下降了1000多件。三大缺水区，沙河、赤岗、芳村的售水量均增长20%左右，用水普及率从1980年的93.38%升至99.32%。到1988年，广州市每人每天用水量平均达408升，比1978年增加1.5倍。② 在"以水养水"的基础上，1981年12月，广州对园林、交通实行"一费三养"的特殊政策（以固定资产投资总额的5%收取市政建设费，实行"以水养水""以园养园"

---

① 魏伟新、王利文：《辉煌广州三十年：广州改革开放三十年基本经验研究》，广东人民出版社2008年版。

② 廖惠霞、欧阳湘：《广州改革开放历程》，广东经济出版社2008年版。

"以交通养交通")。

类似地，还提出"以电讯养电讯""以港养港"等。比如1986年，广东开始实行"以电养电"的政策，即国家对电力实行免税或低税政策，电力生产和建设所需资金全部（或逐步到位）来源于电力用户的电费收入，通过收附加电费，各种方式集资，自办电厂等措施振兴广东的电力。

在这样的思路下，广东的基础设施建设确实实现了大跨度的飞跃。在1987年到1996年这十年间，在路桥建设方面，广东就集资建了6000多座桥，10条国道，实现了无渡口通车。回顾当年广东改革的历程，林若同志在采访中提到，"广东改革开放先走一步，但交通、能源、通信等基础设施发展严重滞后，成为阻碍经济发展的'瓶颈'，影响海内外客商的投资热情。1984年2月，胡耀邦总书记在视察汕头、梅州时，对我说：'我不知道你们的钱怎么花法，要是我来当书记，我就下决心说服大家拿出三分之一的钱来，放到能源上面去。开始好像是吃亏，实际上不吃亏。因为你坐着等，谁晓得要等几年？'现实迫使我们必须加快基础设施建设，而基础设施建设周期大，投入大，单靠国家拨的那点钱是远远不够的。广东从实际出发，克服'等、靠、要'的思想，一方面加大财政投入，一方面改革投资体制，按'谁投资、谁经营、谁收益'的办法，鼓励各地多方面集资，架桥修路建电厂，加快通信建设，在全国开创了许多先例，收到了很好的效果"①。

第二节　科技体制改革

改革开放初期，广东的科研力量其实是十分薄弱的。据统计，仅1978年广东全民所有制单位的18万自然科学技术人员中就有3万多人改行。

---

① 中共广东省委党史研究室：《广东改革开放决策者访谈录》，广东人民出版社2008年版。

1986 年，广东省委按照中央的要求开始了以打破计划经济体制下科研机构吃"大锅饭"、科技人员捧"铁饭碗"为标志的第一次科研机构体制大改革。此前广东政府已经进行过一系列"破冰"，包括培育技术市场、提高科研发展能力、举行技术交易会等，逐步成立科级领导小组，组织、编织《广东省"七五"科技发展计划》，颁布《广东省技术市场管理规定》。

而这次改革的内容主要包括让科研机构打破"铁饭碗"、实行科技责任制，扩大科研单位的自主权，以逐步形成与商品性生产相适应的技术市场，使科技体制改革与经济体制改革、财政体制改革、人事体制改革相适应。从改革运行机制入手，在开拓技术市场、加速科技成果转化、建立省级工程技术研究开发中心、设立广东省自然科学基金、建设重点实验室，进行以放宽、放活科研机构政策为核心的综合改革试点等方面的探索和实践。通过引入竞争机制，对外实行有偿合同制，实行所长负责制，鼓励和促进科研机构与高等学校、设计单位和企业之间的协作和联合，推进技术经济承包经营责任制等。省属科研机构普遍实行所长负责制，在科研机构内部打破吃"大锅饭"的局面，实行报酬与绩效挂钩。[①]

这一系列改革措施被证明是有效的。以广东省电子研究所为例。原本由于吃"大锅饭"，电子研究所的科研人员积极性调动不起来，科研成果寥寥无几，经济效益甚微，全所一百八十多人基本靠国家养起来。但实行科研课题承包责任制后，改为科研人员自找科研项目，自由组合，研究成功后经济效益大的，个人可以多获得提成。这样，就使科研项目效益与个人劳动效益挂钩，大大调动了科研人员的积极性，从而收到良好的效果。当时国家"七五"攻关项目之一的五英寸软磁盘子系统，全国有很多科研单位都没能攻下来，而广东省电子研究所课题组的科技人员则把它承包下来，日夜攻关，最后提前三个月完成任务，并顺利地转移给韶关计算机厂生产，实现了花钱少、时间

---

① 周永章：《创新之路：广东科技发展 30 年》，广东人民出版社 2008 年版。

短、成本低、性能好的目标。实行科研课题承包责任制也使研究所研制的科研项目能更好地和生产结合、为生产服务。广东省电子研究所在两年里研究成功了四十七项项目，项项都应用于生产，因而收获了不错的经济效益，共赢利一百一十多万元，不用像原来那样只依靠国家养活了。而这只是当时众多科研机构改革案例中的小小一个。①

1991 年，时任中共广东省委书记谢非同志在讲话里明确指出，广东经济发展必须依靠科技进步。同年 7 月，广东省委、省政府颁布了《关于依靠科技进步，推动经济发展的决定》，从此有了第一把手要抓第一生产力的提法。广东从两方面入手，一方面加大科技投入力度和科研建设强度，就改革科技管理体制、增强科研机构活力、增加科技投入、加快科研成果应用、促进科技与生产相结合等问题制定了措施。另一方面抓紧人才资源建设，因为经济竞争、科技竞争，归根结底是人才竞争。只有赢得人才，才能赢得未来。

在科技投入上，政府设立了广东省科技发展基金，各地级市也纷纷设立相关科技基金组织。广东省政府还批准建立了"广东省科技创业投资公司"。在科研建设上，广东逐步组建了一批技术水平较高、开发能力较强的国家级、省级工程技术研究开发中心，后来多数发展为广东省工业技术研究开发的重要基地。在人才资源建设方面，广东省为引进优秀留学人员来粤工作提供宽松条件，并为自然科学学科和技术带头人提供较好的工作条件和生活环境，在科研项目立项、住房、待遇、津贴方面给予了比较优厚的安排。

这些举措实施后取得了明显成效，在一定程度上推动了科研成果转化为生产力。例如，1982 年，由于广东省实行财政大包干，汕头的超声仪器研究所不再由机械工业部直接投资拨款，原本一度陷入困境。但是研究所顺应科技体制改革潮流，大胆采取了几项变革，将研究所"起死回生"。他们一是实行经济独立核算，取得法人资格；二是建立

---

① 案例参考了 1986 年 1 月 28 日的《南方日报》第 1 版的《实行承包管理，科研花繁果硕》。

起自己的科技先导性生产基地，发展高科技产品，实行科研与生产相结合，使科研成果迅速转化为现实生产力；三是抓好引进技术的消化吸收和创新。改革之后，研究所研制出了多种高科技产品，技术性能全部达到国际先进水平，而价钱只有进口产品的一半，国际化率极高。他们有 27 项科研成果分别获得国家级、部级、省级和市级科技成果奖。科研成果投产后国内市场占有率高达 75% 以上，有五种超声仪器产品出口到新加坡、日本和加拿大等地，① 可谓是这一阶段科技体制改革的成功案例。

广东省还利用对科技成果的奖励，引导科研人员将科研方向向生产力发展需求靠拢。在 1992 年广东省科学技术奖励大会上的获奖项目就反映了这一点，它们大多具有紧密结合生产实际，推动科技成果向现实生产力的转化，解决了国民经济建设中一批急需解决的问题，取得了明显的经济效益和社会效益等特点。例如获得省科技进步一等奖的《广东山区综合科学考察》成果，根据广东山区的特点，系统地研究了广东山区自然条件、自然资源和社会经济状况，提出了山区开发、治理、保护的宏观战略设想，以及山区农业、工业、能源、交通、城镇的发展方向、布局和措施的建议，其中不少已为当地政府采纳，并产生了显著的经济效益。据韶关市、清远市、茂名市的不完全统计，采纳该研究成果，新上项目实施后，1991 年新增产值 6.87 亿元，新创利税 1.345 亿元。政府着重奖励促进生产力发展的科研成果这一方式大大鼓励了科研机构研发有利于转换为生产力的科技成果，扩大了科技对经济发展的贡献。

对于科技成果和企业结合不紧密、企业技术开发能力不足的情况，政府也采取了措施。原本在 1989 年至 1990 年间，广东大中型企业技术开发经费一直徘徊不前。1991 年这一情况开始有所突破，技术开发经费比上年增长了 53% 以上，为 11 亿多元。1992 年全省有 296 个大

---

① 案例参考了 1991 年 7 月 8 日的《南方日报》第 1 版的《汕头超声仪器研究所坚持科研生产经营相结合　攻难关能力增强　高科技产品迭出》。

型企业建立了技术开发机构，占全省大型企业总数的 87.8%，比 1990 年提高了 50 个百分点。因此，为了进一步加速科技成果向大中型企业转移，政府提出了新的规划——"八五"期间全省要建立 50—60 个以企业为主体的省级工程研究中心，至 2000 年须建成 100 个，以进一步提高大中型企业的技术开发能力。这批工程研究中心，除国家级的医疗保健器具工程技术中心依托于省医疗器械研究所外，其余的均设在大中型企业内。仅顺德市，就有科龙电器股份有限公司、美的集团股份有限公司、省石油气具发展有限公司、顺德特种变压器厂、华宝空调厂 5 家企业建立起相应的省级工程研究中心。这批工程研究中心拥有一支既能从事研究开发，又能进行工艺、工程设计乃至成套专用设备的研制等综合性的科技队伍，大大提高了企业的科技研发能力。[①]随着科技意识的增强，广东大中型企业纷纷增加对科技的投入，也自己设立科技开发机构。一批旨在促使科技成果工程化，以利于向生产转移的工程研究中心又在大中型企业中应运而生，从而使大中型企业的科技实力增强了。

事实证明，对科技成果的运用使很多产业都取得了惊人的进步。比如当时有"食品之乡"美誉的潮安县庵埠镇，就依靠科技进步使食品工业迅速发展。在 1993 年举行的省食品行业质量效益型先进企业及优秀质量管理工作表彰大会上，庵埠镇有 12 家企业和 14 名个人受到表彰。庵埠镇有食品企业 785 家，产品有凉果蜜饯、糖果饼干、膨化食品、肉脯腊味等 8 大门类数百个花色品种。1992 年以来，庵埠共投入技改资金 1500 万元，新建扩建厂房 2.8 万平方米，引进和增置国内外先进设备 213 台。一批企业同澳大利亚和国内的北京食品酿造研究所、中山大学生物系、广州食品工业研究所等科研单位"联姻"，研制新产品。同时，庵埠镇还聘请了一批专家、教授和工程技术人员为庵埠经济技术开发中心顾问。1992 年庵埠镇共开发食品新产品 15 项

---

① 案例参考了 1993 年 6 月 11 日的《南方日报》第 1 版的《广东大中型企业技术开发能力增强　日均投产三项　成果转化加快》。

近百个品种，新增产值 5000 万元，创利税 600 万元。他们还投资 20
多万元建立培训中心，举行经济法规、产品标准、全面质量管理培训
班 25 期，受训人员 2300 人次。①

又比如全国著名侨乡之一的开平市。改革开放以来，开平发挥侨
乡优势，建立了纺织、食品、建材、明胶四大工业支柱。为了加快经
济发展的步伐，开平以撤县设市为契机，抓住机遇，按照高起点、高
科技、高速度、高效益的要求，重新修订了基本实现现代化的蓝图，
当时计划国民经济平均每年以 28% 至 30% 的速度发展。开平以"涤
纶"为龙头，从市属工业到各乡镇形成了大办实业的热潮。为加快工
业发展的步伐，开平市积极采用国内外的先进技术设备，并要求新上
的工业项目确保科技含量达到国际先进水平。如开平涤纶企业集团公
司引进国外先进技术设备，先后进行了 8 期技改配套扩建，拥有了生
产涤纶长丝 4 万吨的能力，一跃成为全国最大的涤纶长丝生产基地。
与此同时，开平按高起点的要求推进老企业的技术改造，将一般产品
发展成为高技术含量的产品，赢得市场和效益。产品几十年一贯制的
开平橡胶厂，改为引进树脂生产线，年增产值 3000 万元以上，成为全
国树脂管产量最大的企业，取得了良好的效益。②

除了加强科技成果转换为生产力，科技体制改革第二阶段的重点
还有发展高新技术产业和推动民营科技企业的科技进步。科技是第一
生产力，企业则是技术成果转化为生产力的载体，然而，高投入、高
产出、高风险的高新技术企业能否顺利成长的关键，就在于政府是否
能给予到位的扶持。1993 年 6 月，广东省委、省政府颁发了《关于扶
持高新技术产业发展的若干规定》。广东省逐步开始有计划、有重点
地发展电子信息、生物技术、新型材料、精细化工、机电一体化等领
域的高新技术产业，提供政策支持，制定适应高新技术产业的相关措

---

① 参考了 1993 年 6 月 19 日的《南方日报》第 3 版的《"科技之神"频频眷顾，"食品之
乡"再振雄风》。
② 参考了 1993 年 6 月 23 日的《南方日报》第 1 版的《高科技开道，滚动式发展　开平工
业实现高速高效》。

施。广东设立省长科技开发专项基金，每年拨款 3000 万元。各地市也相应设立了科技发展基金，均在 1000 万元以上，有的达 3000 万元，使科技开发有了宝贵的启动资金。① 广东高新技术产业在世界舞台中开始显示出独特的精彩。高新技术产业和技术较密集的电子通信设备制造、家用电器业迅速崛起，成为广东发展势头强劲的新经济增长点。

此后几年间，广东政府又颁布了《关于加速科学技术进步若干问题的决定》等一系列文件，继续落实更详细、更完善、更具体的政策措施，对促进高新技术产业加速发展形成巨大的推动力。珠三角地区的高新技术企业大幅增加，产业产值在全省占重要比例，出现了以珠三角为龙头的高新技术产业发展格局。

如果说广东是高新技术产业发展的重地，深圳市就是重中之重。深圳作为经济特区，市场经济发展走在前面，所以对产品在国内外市场上竞争力的强弱、胜败的体验比其他地方更为深刻，从而对发展高科技的紧迫性、自觉性比别处更高。而且，改革开放后，深圳也在不断思考如果要保持经济发展的优势，出路何在？突破口是什么？然后深圳意识到，高新技术企业不但经济效益比传统产业高出数倍甚至数十倍，而且对传统产业的辐射、渗透和改造方面都有良好的作用。当时有很多企业的例子都说明了科技的作用：中华自行车（集团）股份有限公司利用碳纤维新材料开发出新型的自行车，成功打进国际市场。飞亚达公司采用人造蓝宝石新技术生产出高档手表后，产品畅销国内外市场。中航集团公司将计算机技术应用于传统建材行业，水泥生产厂家的劳动生产率得到大大提高。于是深圳市委、市政府审时度势之后，于 1988 年提出"以高新技术为先导，以实用技术为支柱，发展外向型工业体系"的构思。1990 年，市委、市政府进一步明确地提出，把高新技术产业和第三产业，作为发展经济的重点产业来抓。1991 年

---

① 参考了 1995 年 1 月 30 日的《经济日报》第 8 版的《科技开发重点放在企业 广东高新技术年产值超 500 亿》。

以来，多项鼓励和支持高新技术产业发展的优惠政策便陆续出台和实施。① 高新技术企业因此在深圳成了宠儿，处处得到扶持。

1991 年，时任广东省委书记谢非同志来到深圳，参观考察了联想、华为、科兴等 10 家高新技术企业。此时起步不久的深圳市高新技术产业以市场为导向，广泛引进国内外高新技术产业并使之产业化，已经取得了丰硕成果。当时，谢非也特别强调深圳经济特区要依靠高新技术产业加快发展，在两个文明建设中当好"排头兵"。谢非还说，深圳和珠江三角洲这一带经济比较发达，日后要靠深化改革和发展高新技术产业保持领先地位。发展高新技术产业，可以壮大这些地区的经济实力，增强产品在市场的竞争力，并减少环境污染。②

事实上，深圳为了发展高新技术产业确实全力以赴。当时有记者去往珠江三角洲的 6 个市，对高科技产业发展问题做专题调查。那时各地普遍存在高新技术企业在银行专项贷款、税收的减免、土地征用以及出国赴港指标等问题上不能真正享受到优惠政策的问题。只有深圳的情况却完全不同，很早就解决了这些问题。中国人民银行深圳分行于 1991 年就开始设立科技专项贷款，重点用于支持高新技术企业，1992 年贷款 5000 万元，1993 年达 8000 万元，且一定 5 年，滚动使用，利息比同档次下浮 0.36 个百分点。关于对高新技术企业的减免税收，深圳市也严格按有关规定执行。全市 32 家高新技术企业，一年共减免税收达 4567 万元。此外，深圳虽然各项事业蓬勃发展，用地十分紧张，但对高新技术企业的用地仍然网开一面，特别给予减免。32 家高新技术企业一年共获减免土地使用费和地价达 799 万元。③

广东民营科技企业在 90 年代进入快速发展阶段。政府制定了一系列扶持民营科技企业发展的优惠政策。1994 年，广东诞生了全国第一

---

① 参考了 1993 年 6 月 26 日的《南方日报》第 1 版的《土肥果硕——深圳发展高科技产业纪事之二》。

② 参考了 1993 年 6 月 9 日的《南方日报》第 1 版的《谢非在深圳考察时强调 依靠高新技术产业加快发展 当好两个文明建设的排头兵》。

③ 参考了 1993 年 6 月 26 日的《南方日报》第 1 版的《土肥果硕——深圳发展高科技产业纪事之二》。

个关于民营科技企业的地方法规《广东省民营科技企业管理条例》。1995 年，广东省又一次把有效的政策上升为法规，颁布了《广东省促进科学技术进步条例》。到 1997 年，广东省先后颁布了 40 多个地方性科技政策法规，形成了一个良好的政策和法律环境，为高新技术企业的蓬勃发展提供了有利的空间。这期间，民营科技企业经营规模不断扩大，民营科技企业的产业化速度明显加快，涌现出了一批较大型或企业集团化的民营科技企业，出现了具有发展潜力的行业龙头企业和知名品牌。1994 年广东高新技术产品产值超过 500 亿元，全省认定的 281 家高新技术企业，产值超亿元的有 30 家，超 2 亿元的有 14 家。1995 年广东科技综合实力名列全国第三，其中，广东"科技产出"方面在全国排序第一位。①

总体来看，广东第二阶段科技体制改革在以科技转化为生产力为核心，鼓励民营企业的科技进步，推动高新技术产业积极发展方面，还是取得了较大的积极成果，对经济结构的优化、经济总量的增长发挥了促进作用。

第三节　星期六工程师

2014 年 8 月 18 日，在中央财经领导小组第七次会议上，习近平总书记说，创新驱动实质上是人才驱动。② "人才"成为经济发展的重要一环。今天，人才的流动更加自由方便，为经济的发展提供了便利，但在三十多年前，改革开放初期，还远不是今天的样子，劳动力要素市场还亟待进一步的改革。

1984 年，《中国青年报》曾在人群中调查各种职业的受欢迎程度。最受欢迎的三个职业分别是：出租车司机、个体户、厨师，而垫底的

---

① 参考了 1995 年 1 月 30 日的《经济日报》第 8 版的《科技开发重点放在企业　广东高新技术年产值超 500 亿》。

② 习近平：《习近平谈创新》，2018 年 9 月 14 日，人民网（http://politics.people.com.cn/n1/2016/0301/c1001 - 28159755.html）。

三个则是科学家、医生、教师。① 有趣的是，今天看来，这跟现在大众的普遍偏好仿佛恰好相悖。有人戏称，"修大脑的不如剃头的""搞导弹的不如卖茶叶蛋的"，② 知识分子成了"臭老九"，也许有些夸张的成分在其中，但也反映了当时科技人员在大众心中的地位略显尴尬。

这些在当时不那么受大众青睐的科技人员等人才，对于众多的乡镇企业来说，却是紧俏的稀缺要素。人才与市场的脱轨问题在当时经济腾飞的南粤大地上尤其突出，科研技术人才紧缺且大部分集中在广州的不合理分布，使得广东尤其是珠三角地区的乡镇企业对专业人才的需求得不到满足。但是人们想出了办法：一些科研院所的少数科研人员，通过各种关系和珠三角周边城市的企业建立联系，利用节假日为企业担当技术顾问，也赚得一些正职工作以外的报酬。典型的例子，就包括20世纪80年代初，不少中山大学的老师成了乡镇企业的香饽饽，因为星期六晚出去，星期日晚赶回校，利用周末等节假日时间为企业提供技术和脑力支持，被称为"星期六工程师"。

"星期六工程师"却引来了热烈争议。一些"星期六工程师"到周边城市企业干一天的报酬，可能是他们在科研院所正职工作几个月的工资。部分人激烈地反对：拿国家工资的国有企业科技人员，怎么能用"国家资源"来填自己的腰包？

"星期六工程师"是尴尬的地下工作者。"星期六工程师"在那时绝算不上体面和风光，他们所要承受的不仅仅是路途颠簸，更有社会舆论的压力。当时的社会环境、主流观念都相对保守，科技人员业余兼职是"大逆不道"，"星期六工程师"多是偷偷摸摸地去，偷偷摸摸地回，甚至在企业中都有专门的名字代号，简直像做地下工作。一旦被发现，后果极其严重，甚至可以上升到背叛国家、投靠资本主义的意识形态罪名。在吴晓波著作的《激荡三十年》中，便有关于科技人员兼职工作被判入狱的案例记载。1982年武汉国营一八一厂的工程师

---

① 《向前！向前（1984年—1992年）》，《华人世界》2008年12月刊。
② 识堂：《你知道，1984年、1992年和1998年具有什么特殊意义？》，2018年9月14日，搜狐网（http://www.sohu.com/a/191638880_353364）。

韩庆生与三个同事一同为当地一家处于倒闭边缘的乡镇企业设计了两套污水净化器的图纸并编写了两万多字的技术说明，使其起死回生，企业领导为表示感谢，发给四个人每人600元，但韩庆生却被自己所在国营厂的领导告发到公安局，法院一审判决韩庆生犯"技术投机倒把罪"，入狱300天，用他自己的话讲，是"相当于两块钱坐一天牢"。尽管故事的结局是韩庆生被平反，但这样的例子显然不止一个，1985年前后，上海太平洋被单厂助理工程师郑鸿坚也因业余兼职被关进大牢。① 因为业余兼职而被投入大牢，这在今天听起来仿佛有些荒唐，但在体制还不够完善、劳动要素还未市场化的当年，却是这群"星期六工程师"最大的担心。

1985年，《羊城晚报》著名记者刘婉玲在中山大学采访时发现，校门口停放着很多外地牌照的汽车，经过打听，她才知道原来是一些老师利用周末，到珠三角的企业"炒更"，周六接走周日晚送回。为了采访到一线的"星期六工程师"，她曾经蹲守顺德龙江镇的河边，可谓大费一番周折。刘婉玲抓住一起渡江的时间对他们进行采访，两岸不知来回了多少次，才得到一些"料"。采访归来后，她写了一篇报道《从"星期六工程师"引出的……》，发表在1985年5月11日《羊城晚报》的头版，意在为"星期六工程师"正名。②

当时的广东著名报人微音（许实，时任《羊城晚报》总编辑）对此事也有密切关注，曾在他自己《街谈巷议》栏目发表《业余兼职又何需蹑手蹑脚》，有人质疑"星期六工程师"的热量为何不在自己的单位好好发挥？微音写道："让他们把自己的聪明才智辐射到社会上去，利国利民，有何不好？"又有人刻薄道："搞兼职不就是想多捞钱？"微音直言不讳："按劳取酬，多劳多得，为社会做出了贡献，自己挣得合理的报酬，改善一下生活，又有何不可？"③

"星期六工程师"的出现，在当时尽管还没有得到官方的认可，

---

① 黄浩：《路是这样走出来的——广东改革开放风雨录》，广东人民出版社2008年版。

② 邝新华：《80年代知识分子下海潮：不只为钱还有生命意义》，《新周刊》第400期。

③ 黄浩：《路是这样走出来的——广东改革开放风雨录》，广东人民出版社2008年版。

但确确实实改变了以往在国有单位拿"铁饭碗"的人不能兼职的状况，是劳动要素市场化的重要一步，也进一步打开了国有经济与私营经济的沟通联系，也促进了科研机构的成果更快地推向市场。1987 年广东省科委做的调查发现，在广州的一些科研单位，有 8% 到 10% 的科技人员在从事"星期六工程师"活动。一个小小的缺口，使改革中的人们朝着市场化的方向迸发出了原始的活力。

直到 1988 年 1 月 18 日，国务院专门下达文件，称"允许科技干部兼职"，"星期六工程师"才得到官方认可。但彼时民企聘用科技人员已是一个十分普遍的现象。知识分子有责任把科技转化为生产力，而迅速发展的经济又对高素质的科技人才有大量需求，中央最后的允许是历史必然。从地方最初发明到社会议论纷纷，最后到中央明文允许，这是一条充满戏剧性的劳动力要素市场改革之路。在理论层面上，对于党的十五大所提出的"按劳分配和按生产要素分配"的发展思路来说，"星期六工程师"也不失为一个民间的先行例子。

第四节　农民工来打工

在广东的改革开放史中，农民工是一股不可小觑的力量。广东，尤其是珠三角地区，不仅容纳了当地的农民工，更容纳了来自全国各地的，蜂拥至改革先行之地的农民工。

20 世纪 80 年代末 90 年代初，全国兴起了一股"到广东去"的入粤民工潮。尽管此前便已有许多"打工妹""打工仔"流入广东，但这些外来务工青年中除了农村青年外，还曾有相当一部分是城市来的。80 年代末，农民工大量涌入广东，南下打工成了一个热潮，这为广东尤其是珠三角地区的工厂提供了充足的廉价劳动力。

南下广东打工的民工规模之所以急剧扩大，和农村改革导致的农村大量剩余劳动力的出现密不可分。1978 年安徽凤阳小岗村冒着巨大风险分田包产到户，次年秋天，获得了大丰收。1980 年，邓小平肯定了小岗村的试验，大大推动了农村改革。1982 年元旦，中央出台一号文件，指出包产、包干到户都是社会主义集体经济的生产责任制。1983 年中央再次充分肯定家庭联产承包责任制，指出其是党领导下中国农民的伟大创造。此后，家庭联产承包责任制在全国大范围推行，极大地调动了农民的生产积极性，农业生产效率大大提高，土地对劳动力的容纳能力有限，对农业劳动力的需求减少，农业劳动力供大于求，渐渐形成了大量的农村剩余劳动力。而 20 世纪 80 年代的广东地处改革前沿，乡镇企业遍地而起，同时也得益于港澳地区劳动密集型产业向广东的转移，造成广东的劳动力需求量也变大。作为改革的先锋，广东也有着相对于内地更高的城镇化水平，吸引着向往外面世界的民工。广东的工资水平相对于内地也较高，对于想要奔小康的农民来说是极大的诱惑。随着内地乡镇企业的资金密集程度逐渐提高，对农民工的吸纳能力也因而逐渐下降。广东因此成了农民工眼中的打工圣地。

从 1989 年开始，每年涌入广东的农村劳力数以百万计，正所谓："百万民工下广东。"曾有人进行过粗略的统计：1989 年高峰期，广州火车站每天的人流量能达到十万人次。[①] 从人口流出地分析，这些农民工大多数来自湖南、四川、广西等邻近省份，也不乏从湖北、江西、安徽、贵州等省份前往广东打工的。从人口迁入地分析，这些民工主要的目标城市是珠三角地区的广州、经济特区深圳和珠海，以及"四小虎"南海、中山、顺德、东莞[②]等地。

正是这一年，"春运"一词也扩大了它的范围，开始频繁出现在旧岁末和新年初的媒体报道中，在这种大规模高强度的人员运输中，农民工占据了主力。"全国春运看广东"，在广东传统的正月初八开业大吉日子之前，在广东的汽车、火车站，有大批衣着朴素的憨实农民从汽车或是绿皮火车中涌出，他们涌到广东，也就汇入广东，涌到广东的工厂一线，涌到广东的餐馆和厨房，涌到广东的建筑工地，涌到

---

① 舒元：《广东发展模式：广东经济发展 30 年》，广东人民出版社 2008 年版。
② 刘小敏：《"入粤民工潮"问题探讨》，《社会学研究》1995 年第 4 期。

广东即使在冬天也可能算不上凉爽的路旁——满心期待着涌到工厂、餐馆厨房和工地的机会。

1992 年时，广东省劳动部门曾这样介绍席卷广东的民工潮："全省各类企事业单位（包括乡镇企业）招用外省劳动力达 170 多万。他们来自除西藏以外的全国各地，其中 70% 左右为湖南、广西、四川的劳动力，年龄一般在 17—24 岁之间，主要分布在珠江三角洲地区，其中东莞、深圳宝安分别为 39 万和 23 万人，80% 的外省劳动力集中在乡镇企业、'三资企业'和'三来一补'企业。除此以外，广东省从事农村种养业和流散在社会上从事建筑、搬运等劳务的外省劳动力尚有 200 万人左右。"①

民工潮曾被认为是"台风"，其集中涌入首先给广东的交通造成了巨大压力，列车窗户被压烂，列车车轮弹簧板被压平……广东春运的壮观景象也是一道独特的历史风景线，1989 年民工大量集中涌入时，广东省政府甚至曾专门成立疏导小组，时任省长叶选平为组长，组织对找不到工作的滞留人员返乡的说服。广东省政府还向湖南、广西等临近省份的政府请求配合与援助，以劝阻民工盲目流入广东。"民工潮"还获得了国务院的注意：国务院办公厅在 1989 年 3 月 5 日发出紧急通知，控制民工盲目外出、大量集中外出。② 大量民工的涌入对广东城市管理是个不小的考验。

外来民工的大量涌入自然而然会引发广东本地人对劳动岗位被抢占的担忧，20 世纪在 90 年代初广东"三来一补"企业出口增速减缓的大背景下，外来民工与本地剩余劳动力的矛盾越发激烈，外来民工与本地劳动力形成强烈竞争，甚至影响广东农村劳动力的转移，这引发了一定的地方保护，政府形成了"先省内，后省外"的政策安排。有记者曾经在东莞看到张贴的告示，不得使用外来民工，还有当地企业因招收百名外省民工而遭到罚款。但市场的力量似乎更灵活：躲过

---

① 舒元：《广东发展模式：广东经济发展 30 年》，广东人民出版社 2008 年版。
② 同上。

风头，企业对于性价比较高的外来民工照招不误。① 而且随着广东本地劳动力就业状况的好转，也根因于广东经济发展对外来劳动力的较强依赖，地方保护渐渐散去。

入粤民工的文化水平普遍较低，在广东的生活条件相对简陋，比较不济的也有住在临时搭建的窝棚中的。但即便如此，打工的人潮还是不断向广东汇集。这些外地入粤的农民工，在广东的工资平均水平虽然低于广东本地的农民工，但高于内地农民工工资平均水平。② 他们多余的收入可以寄回家乡。90 年代初，湖北省通城县的在粤民工每年邮回家乡的工资总量达到 400 多万元。有的民工直言"在粤干一年，回家干十年"③。

民工潮为广东的劳动密集型企业提供了大量的廉价劳动力，增加了企业的选择，在一定程度上弥补了广东本地劳动力的结构性空缺，尤其是一些听上去苦脏累的岗位，同时也促进了广东劳动力要素市场化，为广东的繁荣做出了不可小觑的贡献。比如特区深圳，农民工占人口比重达 50%，人称"没有农民工，就没有深圳速度"④。跳出广东，从更广阔的角度去看，民工潮入粤促进我国农村劳动力的转移，也缓解了内地的社会矛盾，有利于社会稳定，部分入粤民工返乡也能够把广东的改革先声传回家乡。

---

① 王志纲、杨春南：《"民工潮"思辨录——关于"盲"冲击的对话》，《南风窗》1991 年第 5 期。

② 刘小敏：《"入粤民工潮"问题探讨》，《社会学研究》1995 年第 4 期。

③ 同上。

④ 同上。

第 十 章

珠三角的兴起

1985 年 2 月，珠江三角洲被国务院开辟为经济开发区，成为沿海经济发展的又一重要战略部署。位于小珠江三角洲的中山市、东莞市、南海市和顺德市因其经济快速发展被誉为南粤"四小虎"，与亚洲"四小龙"相对应。四小虎借助港澳和国际资金、人才、技术和市场，工农贸副综合开发，大力拓展外向型经济，走出了四条各具特色的发展之路。

第一节 东莞

东莞原为东莞县，1985 年撤县改市，1988 年升为地级市。东莞被称作"中国改革开放的一个精彩而生动的缩影"，因其极快的经济发展速度被誉为"东莞奇迹"。改革开放三十年里，东莞经济年平均增长 18%，创造了比亚洲"四小龙"起飞时速度更快、周期更长的高经济增长奇迹，成为中国经济发展最快的地区之一，被评为中国十大最具经济活力的城市之一。①

东莞原本是农业县，但改革开放以来东莞注重工业发展和对外开放，借助地处广深经济走廊、邻近香港的得天独厚的地理优势和人文优势，大力开展对外经济贸易合作，引进大量资金和技术，发展外向型工

① 陈立平：《东莞改革发展研究》，中共党史出版社 2008 年版。

业。对外开放中，东莞从开展"三来一补"（来料加工、来样加工、来件装配和补偿贸易）起步，是广东第一家来料加工企业的诞生地，以此促使产业升级换代，逐步走出一条独具特色的外向型经济发展道路，形成独特的"东莞模式"（与"温州模式""苏南模式"齐名）。

东莞选择发展"三来一补"的原因是，东莞不像深圳，没有资本开展合资合作，但通过"三来一补"可以快速上马、快速积累资金。"来料加工"意味着可以不用垫付资金，减少风险，虽然外商包销会赚大头，但东莞也能脱离无本状态慢慢积累资金。有了这些资金，东莞就有了还债款、搞发展的基础。同时，"三来一补"发展起来后，东莞不但引进了先进的技术和设备，将其与劳动力资源结合起来，还培养了一批懂技术、会经营的管理骨干和成千上万的熟练工人。因此起到了资金积累、技术积累、人才积累的作用。

乡镇企业是东莞"三来一补"发展道路的主体。由于乡镇企业机动灵活、具有廉价劳动力的优势，很多香港企业因此在东莞合作办厂，香港负责提供"三来"，东莞负责提供劳力、厂房、电力和设施。"三来一补"企业的兴起促进了劳动力向非农产业的转移，6000家"三来一补"企业中共有20万人的就业者，其中绝大多数来自外地，到1988年已经有36万外来劳动力，在乡镇企业系统的工人达9万人。许多小镇的工厂甚至为外来工人建起了集体宿舍。1991年底，东莞有"三来一补"企业6000多家，几乎覆盖了全市各大乡镇，加工产品有毛织服装、电子、玩具、塑料制品等15大类、4000多个品种，创汇近3亿美元。[1]

20世纪80年代初期，东莞的"三来一补"企业都是利用"三堂"（旧祠堂、会堂、饭堂），加工生产毛织品、服装、手袋、玩具、小五金等低档产品。80年代中后期，东莞形成了以轻纺工业为主体，以纺织、服装、电子、食品、机械为支柱的利用外资企业群体。这时，东

---

① 王茂全、王茂设：《虎跃赛龙腾 广东"四小虎"崛起之道》，山西经济出版社1992年版。

莞已经在"三来一补"企业的基础上，逐步转向"三资"企业（中外合资经营企业、中外合作经营企业和外商独资经营企业）。东莞在发展"三来一补"的过程中，可以吸收外面的技术、设备和产品，同时发展高科技、高附加值的产业，对东莞外向型经济的发展能发挥巨大的推力。1992年，东莞进一步加强对外资投向的引导，在巩固香港资金来源的同时，把招商引资的工作着眼点逐步转移到欧美、日本、韩国等工业发达国家，利用外资产业结构逐步得到优化，特别是电子行业快速发展，比例高居榜首。到1998年，全市有"三来一补"企业近万家，"三资"企业3000多家，累计实际利用外资75亿多美元，引来很多大企业在东莞投资设厂。[①]

"三来一补"企业所主打的制造业是东莞的立足之处，东莞的制造业规模之大使其获得了"世界工厂"的称号。据统计，全球每5台电脑就有1台产自东莞，每5件羊毛衫就有1件在东莞生产，每4双运动鞋就有1双在东莞诞生。几乎所有工业都可以在这里找到工业生物链中配套的行业和产品，尤其是IT制造业，世界上95%的IT产品都可以在这里配齐。外界也有这样的描述，"无论你在哪里下订单，都在东莞制造""东莞塞车，世界缺货"等，足见东莞在IT制造业的分量之重。[②]

东莞的出口加工业带来了经济的快速腾飞，让东莞从十年前的穷县一跃成为富裕的地级市。东莞不断提高基础设施建设水平，成为广东公路数量最多的县份，建起许多宾馆和酒店。百姓的收入也增加了，新建楼房数量惊人，社会潮流走在了时代前列，周围各县市相比之下甚至有些黯然失色了。

第二节　中山

中山原叫香山县，1925年为纪念革命先行者孙中山而改名为中山

---

① 数据来源于1998年11月8日的《经济日报》第8版的《东莞三资企业跃上新台阶》。

② 陈立平：《东莞改革发展研究》，中共党史出版社2008年版。

县。1983 年，中山县改为县级市，1988 年升格为地级市。中山经济发展的特色在于它以轻工业为发展重心，通过改革企业、引进技术的方式推动市属工业向规模经济发展。

在中山市经济崛起的主要阶段，由于产业发展需要依靠的主体是企业，中山为了加强企业活力，大力组建企业集团，并开展技术改造。

在 80 年代初期，中山集中人力、财力对地方国营骨干企业进行技术改造，着重发展新兴工业，培养出多种"拳头产品"，以扩大产品出口为目标，引进重点行业的设备和生产线，并实行向外向型经济的转变。例如当时，中山的"灭雾灵"等气雾剂系列产品在市场上非常受欢迎，中山特地成立了精细化工实业有限公司和华美加喷雾制品有限公司，并引进国外技术和设备，来提高产品竞争力。其中，中山不断从国外引进高产量和高质量的制罐生产线和装填生产线，将产量大幅度提升。同时，中山自己设立技术开发中心，一边吸收国外的先进产品，一边自主研发出新产品，保持推陈出新，开发出工业用的、清洁用的、美容保养用的、医药用的等一系列国内领先气雾剂产品，大大改善了产业结构，产品质量甚至在国际上都具有一定的竞争力。①

技术改造后，为了进一步扩大企业的规模，产生规模效益，中山将产业中分散的企业组建成集团式企业，以此发挥集团的优势。1987 年起，中山在市属工业中有领导、有计划地扶持起一大批大中型企业，先后组建了玻璃、精细化工、包装印刷、威力、千叶、钢管、咀香园、电子、粤中船舶、建材 10 个企业集团。这些集团都具有较明显的产品优势和产业竞争力，组成一支强有力的"中山舰队"，稳定地为中山带来经济建设、财政收入、出口创汇等方面的效益。比如 1987 年，精细化工实业有限公司和华美加喷雾制品有限公司就被结合、组建为精细化工集团公司，利用集团的"投资中心"功能大量融资以扩大生产规模，利用集团的经济实力停转境况不好的企业和产品、收购行业内

---

① 王茂全、王茂设：《虎跃赛龙腾　广东"四小虎"崛起之道》，山西经济出版社 1992年版。

有一定实力的公司以提高集团力量，并对经营体制进行变革，以资产为联结纽带，实行统一向上承包，不断发展壮大集团力量，最终获得了非常好的经济效益。[①]

中山利用珠江三角洲作为开发区的国家特殊政策和灵活措施，加上港澳台同胞的支持，大力发展外向型经济。1978 年至 1991 年 7 月，全市共引进、利用外资 5.1 亿美元，批准"三资"企业 448 宗，办"三来一补"项目 2100 宗，建立起外向型经济格局。其中，中山市家用电器总厂是发展外向型经济的典型。经过权衡，它生产的"千叶牌"电风扇于 1986 年将目标市场从国内转移至国外。为了顺应国外市场需要，家电总厂在材料、上色技术、设计、装饰等方面做出了产品改革，并迎合国际标准改良生产技术，提高生产效率和质量，经济效益越来越好，经济实力越来越强。[②]

在中山经济崛起的过程中，乡镇企业也是工业化的重要支柱。中山发展外向型经济的前期，"三来一补"企业的兴起使农村工业从1984 年开始取得了突破性的进展。乡镇企业通过"三来一补"协议，从起步期就引进外资，与国际市场接轨。政府也采取"养鸡生蛋，放水养鱼"的政策扶持乡镇企业。再加上乡镇企业间的横向联合等特点，乡镇企业的数量和规模不断扩大。到 1989 年，中山市的乡镇企业从两千家增加到了两万家，包括纺织缝纫、机械和金属制品、电器电子制造、建材、皮革制品、文体用品、印刷、纸类制品、食品饮料、橡胶塑料制品十大行业，在出口创汇、协调城乡关系等方面做出了巨大贡献。[③]

随着多年发展，中山轻工业生产最终形成了百花齐放的局面。家用电器、电子、纺织、制衣、塑料皮革等行业迅速崛起，在中山各地

---

① 王茂全、王茂设：《虎跃赛龙腾　广东"四小虎"崛起之道》，山西经济出版社 1992 年版。

② 同上。

③ 王光振：《广东四小虎　顺德·中山·南海·东莞经济起飞之路》，广东高等教育出版社 1989 年版。

星罗棋布，各镇区都有自己的工业企业。到 2001 年，中山亿元以上工业产值的镇区达到 30 多个，企业集团发展到 111 家。威力集团公司充分利用威力洗衣机的名牌优势，带动空调器、电热炊具等产品的生产和销售。威力洗衣厂、家用电器总厂等 10 多家骨干企业，大力开拓国内外市场，创利颇丰。中山市因此成为闪耀在珠江三角洲的"四小虎"之一，其发展模式得到了多地研究和效仿。

第三节　顺德

顺德位于珠三角中部，于 1992 年经国务院批准建市。改革开放后，顺德利用自然环境、位置优势和侨乡资源，大力发展外向型经济，促进工农业发展，实现工业总产值以每年增长 24.4% 的速度快速发展，并连续三年名列全国 2000 多个县中收入最高的县份之一，还被时任广东省委书记的林若同志誉为"广东经济发展的'四小虎'之首"。顺德的发展道路，被概括为"三个为主，一个转向"——以乡镇工业为主，以集体经济为主，以骨干企业为主，市场结构由以内向为主转向内外结合，大力开拓国际市场。

工业起步初期，顺德为了加快工业发展速度，选择了负债经营、以大规模的投资促进工业发展的方式。顺德负债的渠道一是向国内银行贷款，充分调动本县和其他地区的长短期闲置资金投入工业发展中；二是大规模地利用外资，包括最开始的"三来一补"，和后期的国外银行贷款、中国银行的外汇贷款等。顺德人将这种负债经营的做法叫"先当债主，再当财主"，"借别人的钱来发财"，他们因此获得了巨额资金来开展大规模的工业投资，创办了一大批企业。[①]

伴随着顺德工业发展的重要现象，是乡镇企业的崛起。20 世纪 80 年代初期，顺德的乡镇企业数量仍然不多，总产值也不高，但 1983 年

---

① 王光振：《广东四小虎　顺德·中山·南海·东莞经济起飞之路》，广东高等教育出版社 1989 年版。

开始，乡镇企业的产值有了较大幅度的增长，到1988年以后，乡镇企业的产值一直占到了工业总产值的60%以上。这是因为顺德一方面具有客观的优势，包括邻近港澳、傍依广州佛山两市的地理优势，国家给予的方针和政策，商品经济较发达，人们商品意识较强等有利条件。另一方面，顺德具有很多主观优势，其中比较重要的几点是大胆改革的精神、重视科技和人才以及发展外向型经济。

首先是大胆改革的精神。顺德很多镇都通过大胆创新取得了经济进步，比如北滘镇，以改革的精神发展了一批年产值达亿元的骨干企业，如蚬华电器制造厂、裕华风扇厂、微波焗炉厂、汽瓶厂、农副产品加工厂等，1991年达到工农业总产值15.6亿元。其次是重视科技。顺德引进了先进的技术设备，改造传统产业，发展了一批技术密集型的新兴产业，开拓了一批"高、精、尖"的产品。科技因素在工业产值增长和乡镇工业产值增长中分别占据了70%和65%的比重。最后是开展外引内联。对内发展内联企业，对外发展外向型企业，由此保障了企业的资金充足，扩大科技和人才资源。乐从镇的内联企业有近百个，吸引资金几千万元，吸入技术、管理人员几百人。桂州镇主要兴办外向型企业，例如华南毛纺厂就是中外合资企业，引进3条日本的毛纺生产线，每天可以生产兔毛混纺纱1.1吨，每天能出口创汇1.5万美元，全年创汇500多万美元。像华南毛纺厂这样的112家外向型企业带动了桂州镇经济的振兴。①

顺德在发展的过程中也曾经遭遇考验。一个考验是80年代初期和中期，由于全国掀起了"全民经商风"和"个人承包风"，顺德的镇办企业开始出现一些动摇的声音。有的人提出"弃工从商"，有的人提出把镇办集体企业承包给个人，以减少集体经营的风险。但是顺德县委明确坚持原来的发展路线，不允许集体企业弃工从商或承包给个人，总算经受了考验。另一个考验是生产同种产品的企业很多，导致

---

① 王光振：《广东四小虎 顺德·中山·南海·东莞经济起飞之路》，广东高等教育出版社1989年版。

在竞争中两败俱伤。顺德的解决办法是兴建企业集团，其中有北滘镇的"嘉禾电器集团公司"、桂州镇的"电热电器集团公司"，还有裕华、桂州、华英三大电风扇企业集团等，这就相当于把分散的、敌对的力量结合在一起，形成更强大的实力，使之能够应用高新技术提高产量、研发创造新产品，打造出一批名牌产品，这些名牌产品甚至可以放到国际市场上去竞争。①

1991 年，顺德已建立起以轻纺工业为主体、门类比较齐全的多行业、多门类工业体系，其中家用电器、机器、燃气用具、饲料、塑料制品、食品饮料、电子、电信、建材、服装为十大龙头产业，建造了一批规模较大、档次较高、质量较好的工业企业。②

1992 年春，邓小平秘密南行时，原本计划中只有到深圳、珠海视察的行程，在大部分的史料记载中，关于这次南粤之行的笔墨也重点放在了深圳和珠海这两个经济特区之上。然而经常被淡化的是，在从珠海北上广州的途中，邓小平在顺德的珠江冰箱厂做了停留。尽管有传言说邓小平的这次短暂停留要归功于陪同人员"下车方便"的提议，但无论如何，顺德却以自己独特的方式也被写进了这段传奇的历史中。当时，身为广东"四小虎"之首的顺德，已经有了相当的名气与成绩，这必然是小平同志在顺德停留的原因之一。当小平同志直言希望广东在 20 年内赶超亚洲"四小龙"之时，顺德也希望自己是这个过程中的助力者。

20 年来，"'可怕'的顺德人"这一称呼时常被人提起，而顺德人则乐于接受。这个称呼最早来源于《经济日报》。1992 年 5 月 10日，《经济日报》头版"北人南行记"板块曾刊登文章，名为《"可怕"的顺德人》。"可怕"二字，在顺德人看来，恰恰概括了他们敢为天下先的勇气与胆量。作为"桑基鱼塘"的发源地、曾经的"南国丝都"和"广东首富"，顺德人在历史上一直胆大细心，还有着强烈的

---

① 阎旺贤：《珠江三角洲经济发展模式与策略分析》，广东旅游出版社 1993 年版。
② 王光振、张炳申：《珠江三角洲经济》，广东人民出版社 2001 年版。

商业意识。①

第四节　南海

　　南海位于珠三角北端，于 1992 年改南海县为南海市。南海的经济增长速度和广东"四小虎"的其他三位成员一样惊人。1987 年，南海的国民收入、国民生产总值和工农业生产总值比 1986 年分别增长了 27.3%、26.4% 和 33.4%，分别是全省增长速度的 1.6 倍、1.57 倍和 1.39 倍，是全国增长速度的 2.55 倍、2.38 倍和 1.86 倍。② 那么南海发展的模式有什么独特之处？南海经济腾飞的秘诀第一阶段是"三匹马拉车"，第二阶段是"五个轮子一起转"。

　　"三匹马拉车"是指公社、生产大队、生产队三级所有制单位都办企业。此模式下南海的主要措施是"放、让、扩、扶、联"。"放"是落实所有权，"让"是经营项目优先让给生产队办，"扩"是指把技术和生产项目扩散到生产队，"扶"是对有困难的生产队实行包干扶贫，"联"是国营企业、二轻企业和公社、生产大队、生产队联合办企业。这些措施成功调动了三级单位的积极性。③

　　"五个轮子一起转"是指利用县、镇、村、社、个体联合体"五个轮子"一起转，推动三大产业共同发展。对县、镇、村级的集体企业，南海通过技术改造，发展新兴产业，创造一批骨干企业。1984 年至 1986 年，南海投资了 2.48 亿元在 184 家企业的改造上，其中主要是对轻纺、家电行业的企业进行改造。同时，南海从国外引进先进生产线和设备，又建立起一批先进企业。对个体和联合体经济，南海从经济上给予资金支持，加强管理，发展各种社会化服务体系，利用个体企业和集体合作联营的方式，使个体企业向集体靠拢。在南海政府

---

① 张建军：《顺德当年——一个县域经济奇迹的诞生》，《中国中小企业》2018 年第 4 期。
② 王光振：《广东四小虎　顺德·中山·南海·东莞经济起飞之路》，广东高等教育出版社 1989 年版。
③ 阎旺贤：《珠江三角洲经济发展模式与策略分析》，广东旅游出版社 1993 年版。

的扶持下，1987 年，南海个体工商企业和私营企业共有两万多户，从业人员达八万多人。

由于独特的发展模式，从 1980 年到 1985 年几年时间里，南海县的企业数增加了 10 多倍，农业、工业、商业、服务业都呈现一片大好形势，南海因此成了全国最早富裕起来的县之一。这也是因为"五个轮子一起转"使南海的公有制经济、合作经济、个体经济和私营经济互相并存，共同发展，从而发挥出极大的优越性。在这种模式下，南海的经济结构呈现出县、镇、村经联社与个体和联合体四个层面的经济占比差别都不大的特点，不同于"苏南模式"的"集体大、个体小"和"温州模式"的"个体大，集体小"，几个层面同时发展，因而经济增长能产生"百花齐放满园春"的格局。①

南海还加强对外经济开放，发展外向型经济。它积极利用外资，大力发展"三资"企业和"三来一补"企业。到 1991 年，南海有"三资"和"三来一补"企业 1170 多家，引进设备 12 万多台。"七五"期间利用外资 2.6 亿美元，② 使全市的经济结构更加合理。

经过多年发展，南海建立起的工业骨干行业包括纺织、轻工、陶瓷、机械、建材、化工、电子、卷烟、酒类、食品饮料等，此外加上皮革、家电电器、塑料、服装、家具、铝型材和铝制品、包装材料等共有 20 多个门类，形成了一个有南海特色的多元化、多系列的工业体系。从 1991 年起，南海把高新技术作为产业性发展，在几年里投入资金 11 亿元，42 种产品达国际先进水平，形成了高新技术产业群。③

第五节　明星企业的诞生

在珠三角兴起的过程中，一批明星企业诞生了。它们当中很多是

---

① 王光振：《广东四小虎　顺德·中山·南海·东莞经济起飞之路》，广东高等教育出版社 1989 年版。

② 王茂全、王茂设：《虎跃赛龙腾　广东"四小虎"崛起之道》，山西经济出版社 1992 年版。

③ 王光振、张炳申：《珠江三角洲经济》，广东人民出版社 2001 年版。

乡镇企业性质的，这里，我们以健力宝、华宝与科龙为例，介绍这批明星企业的崛起。

东方魔水健力宝

李经纬，1939 年生，广东省佛山市三水县（现改行政区划为区）人，自幼因父亡母弱，在孤儿院长大，早年颠沛流离，未曾接受过教育，却仍凭借能力成为三水县体委副主任，后调入濒临倒闭的三水县酒厂，在其苦心经营下，将仅仅只有几口米酒缸的作坊式工厂发展至有一条独立啤酒生产线的大型企业，所产啤酒在当地获得大量认可。

20 世纪 80 年代，应国体委要求，广东体育科学研究所的欧阳孝、黄协荣、陈新淦等几位教授和研究员研制出一种名为"促超量恢复合剂运动饮料"的含碱电解质饮料；在谋求与当时广州最大汽水生产商——亚洲汽水厂与广州啤酒厂合作生产无果后，经时任广东省乒乓球队主教练区盛联（李经纬的表弟）介绍，认识了李经纬，这款饮料与李经纬赴穗出差因可口可乐而产生的生产碳酸饮料的念头一拍即合。就此以李经纬提供资金支持，科研所负责技术的模式开展进一步研究。一开始的产品，口感上不尽如人意，李经纬喝的第一口全部吐了出来。经过 130 多次试验（另一说是 120 次），耗时三个多月，这种橙红色橙蜜口味的饮料终于成功。

产品刚刚出来，最大的问题是如何销售出去。此时，体委副主任的经历给李经纬带来了福音——他从体育系统获得消息，国家体委正在为首次出征洛杉矶奥运会的中国体育代表团准备饮料。但是，初步选定的饮料就有四五种，健力宝作为"新兵"，要想获得青睐并非易事。

恰在这前后，区盛联调到广东省体委外事处，他了解到，第 11 届亚洲足联代表大会将在广州白天鹅宾馆召开。新的机会近在咫尺，通过他的再次牵线，健力宝可以送到亚足联会议上。但这个想法却遭到了反对，厂里很多人不理解：饮料与足球会议有什么关系？健力宝刚刚问世，一分钱还没赚，为什么要先让那些不相干的洋人白吃白喝？

但李经纬力排众议，短短几天内完成了产品变成样品的三件事，这种雷厉风行，正是其之后始终紧紧掌控健力宝的原因。

一是将产品取名"健力宝"，意思"健康、活力"。

二是商标设计，参与产品开发的陈新金医生自告奋勇设计商标（另一说是请县里广告公司设计），请自己喜爱书法的哥哥将"健力宝"三个字写在一张宣纸上，佛山三水酒厂厂长李经纬又请三水区里的广告公司设计出一个由中国书法与英文字母相结合的商标图形。这个新商标的诞生在 1984 年的商品大潮中可谓石破天惊："J"字顶头的点像个球体，是球类运动的象征，下半部由三条曲线并列组成，像三条跑道，是田径运动的象征。从整体来看，那个字的形状又如一个做着屈体收腹姿势的体操或跳水运动员。整个商标体现了健力宝与体育运动的血脉关系。它在当时陈旧、雷同的中国商品商标中算得上是鹤立鸡群。

三是生产样品，李经纬决定用当时极为新潮的易拉罐包装健力宝。那时候国内尚无一家易拉罐生产企业，而三水酒厂也没有这种罐装线。但后来，李经纬硬是说动一家香港企业，在距亚足联大会开幕仅有 3 天的时候为健力宝定制生产了小批量的易拉罐。最后的罐装过程更有趣：通过健力宝（当时仍为三水酒厂）一位总工程师的老同学关系，首批 200 箱健力宝的罐装，是在其后来重要的竞争对手——深圳百事可乐公司的生产线上偷偷完成的。黄协荣全程参与了那次"秘密行动"。他回忆说，为了不泄密，饮料是先在三水配好，再拉到深圳去的，"罐装时的工人，也用的是自己人"。

夺人眼目的健力宝终于如期出现在亚足联会议上，让中国足球官员大吃一惊。1984 年 6 月，健力宝击败竞争对手，成为中国奥运代表团的首选饮料。

1984 年 8 月，洛杉矶奥运会开幕，从许海峰在射击项目摘得中国历史上的第一块金牌，到中国女排姑娘们以勇不可当之势，直落三局，击败东道主美国队，实现了"三连冠"的鸿鹄伟业；中国代表团获得了 15 块金牌，居总数第四，中国人的体育热情与民族自豪感被激发出来。随着《羊城晚报》的一篇《"东方魔水"风靡洛杉矶》，健力宝一夜成名。从1984年的345万元销售额，到次年1650万元，第三年1.3亿元，健力宝以"民族饮料第一品牌"的定位，不断发展，最紧俏时，一节货运火车车厢的健力宝价格达到2万元。

1987年，尝到体育赞助甜头的健力宝，以250万元的价格取得了第6届广州全国运动会饮料专用权。第一次出现了中国企业与国外跨国企业同场竞争的场面。两年多前在洛杉矶奥运会上出足了风头的健力宝此时风头正劲。为了得到"六运会指定饮料"的名号，当时已是全国最大饮料企业的健力宝公司与可口可乐公司展开了竞争，后者愿意出资100万元，而李经纬则一口气把价码抬高到250万元，并外加赠送10万元饮料。结果当然是健力宝如愿以偿，而可口可乐只得到了"可乐型"饮料的指定权。这个细节被当时的媒体记者津津乐道了很久。赛会期间，在新建成的广州天河体育中心，大到墙壁，小至痰盂、垃圾桶，都铺天盖地地印上了健力宝的广告。最夸张的景象出现在闭幕式上，在当日会场的入口处，200多名工作人员均被要求穿上清一色印有健力宝标志的运动服装，他们还向入场的8万名观众每人赠饮一听健力宝饮料。放眼环形运动场，星星点点全部是健力宝的饮料罐，简直成了一个橙红色的海洋。全运会结束不久，健力宝举行订货会。才开了两个钟头，订单就达2亿元。

1989年，第11届亚运会在北京召开，故事再次重演。李经纬再次顶住压力，以一千多万元的代价成为第一家赞助亚运会且赞助额最高的中国企业。故事的结果，李经纬再次赌赢了——1990年，在郑州举行的全国糖酒商品秋季订货会上，健力宝的订单几天之内就高达7.5亿元，占整个订货会合同金额的1/4。

以"健力宝"命名的赛事，此后便从围棋、跳水一直蔓延到健美、桥牌等各个运动场；冠以"健力宝"名头的运动队，也从广东省乒乓球队、广东省田径队等向其他省份与领域扩张，甚至包括一支名叫西安水电学院足球队的业余队。1993年，赞助中国健力宝少年队远赴巴西留学。健力宝成为第一个进入联合国的中国饮料品牌。1994

年，经国际小行星命名委员会批准，中国科学院紫金山天文台将其发现的国际编号为 3509 号小行星命名为"三水健力宝星"，这是全球第一颗以企业名称命名的星星。

1997 年，健力宝达到了顶峰，年销售额达 55 亿元。

一鸣惊人的华宝

华宝的前身是集体所有制的顺德县经济发展总公司属下的二级企业，于 1984 年成立。由于此前生产的电话机零件、节能灯等产品销路不畅，1987 年，华宝濒临倒闭。

当时正值 20 世纪 80 年代末，空调机在国内渐渐兴起，甚至成为一种时尚潮流。说不准是命运抑或是偶然，华宝紧紧抓住了这个历史机遇。1988 年，一台名为"雪莲"的分体式空调在华宝的生产线上问世，这是中国第一台分体式空调，席卷了市场，而窗体机慢慢退出历史舞台，堪称空调史上一个划时代的标志，对于华宝的发展来说，同样也至关重要。"雪莲"一炮打响，华宝一路青云直上，到 1992 年，"华宝"的产值突破 10 亿大关，占据全国家电行业单一牌号销量榜首。

此后五年，华宝在研发、营销和售后等方面大下功夫，很快成为国内生产分体式空调器规模最大的企业。华宝的崛起，同样也是顺德制造的崛起。

1991 年，德胜河北岸、容奇大桥西北侧的华宝厂始建。首期建筑面积 6 万多平方米，拥有年单班产量 20 万台分体式空调器的能力。多次扩建后，华宝大厦成为那个年代为数不多的最高 10 多层高的现代化厂房，是顺德的工业地标。

在接受新闻记者采访时，华宝的老员工回忆道，当时华宝是顺德最好的国有企业，工作第一个月便领到工资 500 元，比其他单位工作的同班同学高出 1 倍。1994 年离职时，他们的月薪已达到 3000 多元，在同行业属于顶尖水平。工人甚至经常在节假日加班赶工。①

横空出世的科龙

1984年的广东顺德容桂镇，中国第一台双门电冰箱"出世"。它的作者，是读了四年小学的潘宁。凭借一双手，他在汽水瓶上做实验；凭借一双手，他用锤子、矬子生生敲打出了这台双门电冰箱。1984年10月，由顺德镇政府出资9万元，广东珠江冰箱厂成立，这家乡镇企业正是后来在全国家电行业叱咤风云一时的"科龙"前身。

1992年，南行途中的邓小平，走进了珠江冰箱厂，面对总长6公里的生产线和来自欧美、日本最先进的设备，他满意地说出了："发展才是硬道理。"要知道，在1991年，珠江冰箱厂生产的容声牌冰箱在全国售卖出了48万台，是当之无愧的全国最畅销冰箱。

潘宁从一开始便选择了品牌与质量作为卖点，从当年容声冰箱打响全国的著名广告词"容声容声，质量的保证"中，我们可以看到这一点。珠江冰箱厂改制为科龙集团后，江泽民曾亲临视察，他面对冰箱生产线上的容声，竟能把这句广告词脱口而出。品牌打响后，潘宁把钱投入生产线的建设上，向规模生产迈进。

1992年，珠江冰箱厂改制为珠江电器股份有限公司，员工占股20%，镇政府把持80%的股份。1993年，珠江电器厂通过引进三家境外投资人，募集了近4亿元的资金，变为一家中外合资企业。1994年，珠江电器厂更名为广东科龙电器股份有限公司，"科龙"也作为全新的商标而出现。科龙开始走多元化品牌道路，从原有的冰箱、冰柜出发，涉足空调、模具等多个领域。科龙几乎用令人惊叹的速度向前飞奔着。

早在1992年，科龙便确立了"三年赶上华宝"的目标，引进意大利设备，次年产出第一台科龙空调，且不断提高空调产量和销量，迎头赶上。1994年和1995年全国空调业开始出现产能过剩，正是空

---

① 黄浩:《路是这样走出来的——广东改革开放风雨录》，广东人民出版社2008年版。

调行业残酷开战生死攸关的重要时期。科龙趁此凭借雄厚实力发动价格战；格力空调则获得迅速跃起的机会。而华宝却因转制过程中出现了内部矛盾，错失良机。

1996 年，科龙的销售额达到了 45 亿元。同年 6 月，科龙电器成为第一家在香港上市的乡镇企业，并成功募集资金 7.07 亿元人民币。

当年科龙的影响力之大，已经走出了中国的国门。据海关数据显示，科龙冰箱的出口量是当年的行业第一。甚至有一份欧洲的报告称科龙在冰箱业是"亚洲第一，全球第二"，认为"这家企业在冰箱和空调领域都有角逐世界的竞争力"。①

---

① 华商韬略：《陨落的科龙，消失的潘宁》，2018 年 9 月 14 日，雪球网（https://xueqiu.com/8448834584/107691916）。

第十一章

小平第二次南方之行

第一节　广东市场经济改革的成就

广东经济总量全国第一。率先改革后，广东已经大鹏展翅。1989 年，广东的 GDP 总量已经达到 1381.39 亿元，超越江苏省的 1322 亿元，首次成为全国 GDP 总量第一大省，如图 11—1 所示。就如同一场游泳比赛，伊始落后的广东，憋住一口气拼命向前游；等到广东从水中抬头换气，自己已经完成了超越，摇身为领游者。从 1975 年到 2005 年，30 年间广东省 GDP 占全国比重整体呈上升趋势。1975 年，广东 GDP 占全国比重只有 5.23%，但到 1991 年，作为全国 GDP 总量最大的省份，广东与全国的这一比重已经增加到 8.69%，如图 11—2 所示。

广东经济快速工业化。仍以广东总量首次称雄的 1989 年为例，广东的工业总产值为 464.06 亿元，地区生产总值为 1381.39 亿元，工业占比为 33.59%。若将广东的工业总产值与全国的工业总产值相比较，同样可以发现广东工业总产值占全国工业总产值比重在 1978—1995 年间整体呈上升态势，1978 年这一比重仅为 4.88%，但到 1991 年，这一比重已经增加至 9.48%。

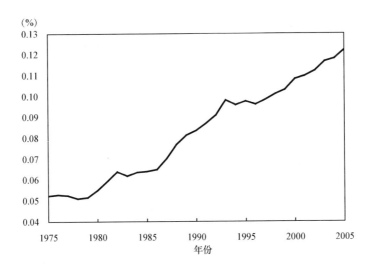

图 11—1　1975—2005 年广东 GDP 占全国 GDP 比重

资料来源：《新中国 60 年统计资料汇编》。

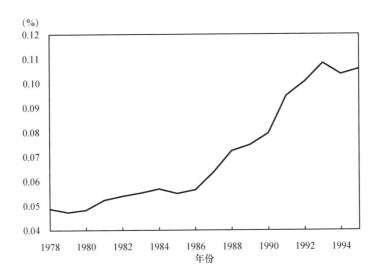

图 11—2　1978—1994 年广东工业总产值占全国比重

资料来源：《新中国 60 年统计资料汇编》。

广东经济快速国际化。招商引资方面，以 1989 年为例，广东省实际利用外商直接投资金额达到 11.56 亿美元，① 全国实际利用外商直接

---

① 数据来源于国家统计局。

投资金额为 33.92 亿美元，广东占去 34.1%。在 1983—1997 年间，广东实际利用外商直接投资额一直占全国的 25% 以上（见图 11—3）。1989 年全国进出口总额为 1116.8 亿美元，而广东省的进出口总额达到 355.78 亿美元，占全国的 31.86%，对标同期的上海，同年上海的进出口总额为 78.48 亿美元。①（见图 11—4）

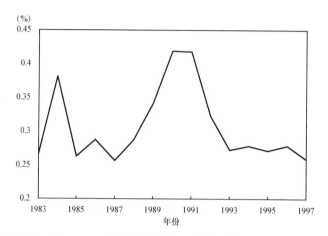

图 11—3　1983—1997 年广东实际利用外商直接投资额占全国比重

资料来源：中国国家统计局。

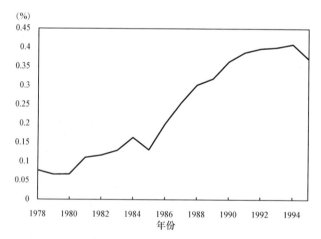

图 11—4　1978—1994 年广东进出口总额占全国比重

资料来源：中国国家统计局。

①　数据来源于国家统计局。

第二节 广东市场经济改革面临的争论

改革开放以来，广东改革开放步履不停，也一直承担更多的质疑与压力。这种压力在小平南下前夕达到高潮。

先行一步的广东之所以成为众矢之的，不敢抬头，与当时在全国改革开放所面临着的前所未有的压力密切相关。在改革开放进行十年后，中国原有的计划经济体制渐渐瓦解，取而代之的是一个有了更多市场因素参与的经济体制。然而在新旧交替期，双重的经济体制中不健康、不稳定的因素发力，中国经济像是发了烧。1988 年的通货膨胀，让中央不得不采取措施。1990 年，为了抑制经济过热，"整治楼堂会所"一声令下，大批项目被关停，当年 GDP 增长只有可怜的 3.8%，出口也大幅下降，出现经济滑坡的风险加大，经济发展面临停滞。与此同时，进展中的经济体制改革陷入僵局，全国的改革几乎停滞。

在理论层面，一些党内的保守人士也挑起改革姓"资"姓"社"的争论。他们认为是放弃计划经济和逐渐的市场化导致了 1988 年的通货膨胀和随后的政治风波。

改革开放的先行之地，也是此时炮火最猛烈的地方。在全国治理整顿的大背景下，虽然广东仍顶住压力悄悄搞改革，但情况不容乐观。有群众致信中央，言辞激烈地批评深圳资本主义当道，党政干部被股票腐烂，压力之下深圳只好大幅整顿股市，造成深圳股市连续 9 个月的狂跌。时任广东省省长的叶选平曾回忆，当时去北京参加中央经济工作会议的广东代表团承担的压力非常大，"不敢抬头"①。

第三节 小平南行定风波

1992 年 1 月 17 日，南行的火车上多了一位不寻常的旅客。两天

---

① 黄浩：《路是这样走出来的——广东改革开放风雨录》，广东人民出版社 2008 年版。

后，1992 年 1 月 19 日，时隔 8 年，邓小平第二次站在了南粤大地上。

时针拨回 1984 年的春节前，邓小平南下先后视察深圳、珠海特区，分别为两个特区大笔一挥写下"珠海经济特区好"，"深圳的发展和经验证明，我们建立经济特区的政策是正确的"。寥寥数语，却打通了经济特区发展的荆棘之路，特区的实验被肯定了，给特区的空间和权力被肯定了，针对广东改革尤其是深圳特区先行一步的争论、非议甚至批判等舆论压力缓解了，广东改革前路的重重迷雾被一扫而空，特区的经验也被在全国范围内推广，深圳等特区的示范效应初现，14 个沿海开放城市呼之欲出。

这一次，同样是对改革开放的争议质疑声四起之时，历史再一次相似地上演。

1991 年邓小平延续往年的习惯，又一次到上海过春节，视察了上海的多家企业，对上海的停滞颇有感慨，发表了一系列鼓励改革的言论。随后，一系列署名"皇甫平"的评论陆续发表在《解放日报》上，力挺改革开放，尤其在 1991 年 3 月 2 日的《改革开放要有新思路》中，指出计划和市场只是资源配置的两种手段和形式，而非划分社会是不是资本主义的标志。但这样的改革呼声很快就被"资本主义和平演变论"所重重包围，遭到了围剿。皇甫平被控是要把改革开放引向资本主义自由化，是极其危险的。1991 年《人民日报》发表题为《坚持人民民主专政，反对和防止"和平演变"》的文章，强调把阶级斗争坚持到底。1991 年党的十三届七中全会决定 1992 年下半年召开党的十四次代表大会，这不由得令改革先锋们担心，中国刚刚开始十几年的改革，是否要彻底转向。

作为改革开放的总设计师，邓小平最坚持的，就是十一届三中全会的路线和方针不要动摇，中国的经济要发展。小平的第一次南方之行，同样也是在风波不停，争论四起的时候，在诸如《旧中国租界的由来》等对深圳质疑的声音中。1984 年的南方之行，肯定了广东的先行一步，肯定了深圳和珠海的经验，很大程度上卸下了压在广东身上的压力。1992 年，在广东饱受质疑，在改革停滞、陷入僵局之时，邓公又来了。

这一次，同样拯救了广东的改革，甚至改变了整个中国的命运。

1992 年 1 月 19 日，邓小平的绿皮专列到达深圳火车站，邓小平再一次入住深圳迎宾馆的桂园别墅。邓小平所看到的是一个快速发展的深圳，这再一次让他兴奋和欣慰。上一次南方之行时，邓小平"只看不说"，但这一次，他却毫不吝惜地发表言论。

在罗湖，邓小平说："广东要力争用 20 年赶上亚洲'四小龙'。"如何赶上？唯有改革。言下之意，广东必须要坚定不移推进改革开放。

深圳的股市在全国引起的争议不小，邓小平也做了回复："允许看，但要坚决地试。"证券和股市并不是资本主义特有的东西，关于特区姓"社"姓"资"的问题同样是无稽之谈，邓小平指出深圳的建设成就足以反击那些质疑者：特区姓"社"不姓"资"。

1 月 20 日，邓小平参观有"神州第一楼"之称的国贸大厦。在 53 层的旋转餐厅，邓小平明确肯定了深圳的改革成就，还提出了著名的"三个有利于"：是否有利于发展社会主义社会的生产力，是否有利于增强社会主义国家的综合国力，是否有利于提高人民的生活水平。这三条标准，彻底堵住了姓"资"姓"社"的不休争论。在车上，邓小平说："反对改革的人就不要反对了，去睡觉好了。"[1]

1 月 22 日，是邓小平离开深圳的前一天。他在宾馆召集了广东和深圳地方党政军要员讲话。"社会主义的本质是解放生产力，发展生产力，消灭剥削，消除两极分化，最终达到共同富裕。"

1 月 23 日，在去往珠海的船上，邓公再发有力言辞："中国要警惕右，但主要是防止左。"矛头直接指向了认为改革开放是资本主义路子，导致被和平演变危险的言论。

在珠海，邓小平参观了珠海生化制药厂、亚洲仿真公司，强调科学技术是第一生产力，强调"关键是发展经济，发展才是硬道理"。

随后，邓小平北上视察上海，对上海市委书记吴邦国说，浦东要借鉴广东的经验，后来居上。

---

[1]　黄浩：《路是这样走出来的——广东改革开放风雨录》，广东人民出版社 2008 年版。

第四节　全国从此一盘棋

小平同志的 1992 年的南方之行，其意义绝不仅限于对广东的肯定，更是在全国掀起了改革的浪潮，把市场经济改革推向神州大地。1992 年 10 月 12—18 日，中国共产党第十四次全国代表大会在北京召开，不但将 GDP 增速目标由 6% 提高到了 8%—9%，还确立了社会主义市场经济体制的改革目标。1993 年 11 月 11 日至 14 日，中共十四届三中全会举行，通过了《中共中央关于建立社会主义市场经济体制若干问题的决定》，指出社会主义市场经济体制是与社会主义基本制度结合在一起的，要使市场在国家宏观调控下对资源配置起基础性作用。这些重要会议精神和文件奠定了全国改革开放新格局的形成。

"社会主义市场经济"合法地位的取得，是把特区实验推向全国的号角。一方面，这意味着特区的经验得到了肯定；另一方面，这也标志着特区最大的"特"点被推向全国。①

在南方谈话和社会主义市场经济体制的号召下，全国兴起了多股热潮："办公司热""下海热""招商引资热"……北京中关村的科技企业数在 1992 年一年内由 2600 家猛蹿到 5180 家，增幅为 99.23%；深圳的国贸大厦里，一层二十五个房间中存在着超过 20 家公司，有的甚至一张写字台就是一家公司；根据《中华工商时报》发布的统计，仅 1992 年，便有超过 10 万党政机关干部"下海"②，这其中包括创办起万通的冯仑，创办起华泰财产保险公司的王梓木，创办起嘉德拍卖公司和泰康人寿保险的陈东升……

让人眼前一亮的还有外资的全国性增长。在邓小平南行坚定改革开放、党的十四大确立社会主义市场经济体制改革目标的推动下，全国形成了新的开放局面，各地纷纷加足马力，通过主动改善投资环境、

---

① 徐现祥、陈小飞：《经济特区：中国渐进改革开放的起点》，《世界经济文汇》2008 年第 1 期。

② 吴晓波：《激荡三十年：中国企业 1978—2008》，《新经济导刊》2007 年第 3 期。

提高办事效率和简化行政审批等方式，来吸引外资。中国政府的明确表态、中国市场的打开令众多外企尤其是跨国企业在自己未来的蓝图中加入了中国，外商的投资热情高涨。柯达的 CEO 裴学德就曾有一个热烈的梦想："只要中国有一半人口每年拍一个 36 片装胶卷，已经足以将全球影像市场扩大 25%；中国每秒多拍摄 500 张照片，便相当于多了一个规模等同于日本和美国的市场。"①

　　1991 年我国外商直接投资额为 119.77 亿美元，而到 1992 年外商直接投资额为 581.24 亿美元，翻了将近 5 倍，超过了 1979 年到 1991 年的总和。到 1993 年，外商直接投资额更是达到了 1114.36 亿美元（见图 11—5）。大批外商直接投资项目上马，数量的变化同时也伴随着领域的拓宽，在旅游、金融等第三产业也开始有外商直接投资涉足（见图 11—6）。全国开放格局的形成使得中国成为全球跨国投资的焦点，IBM、通用电气、三星、松下等跨国公司纷纷进入中国投资或是加大了原有的投资力度。与此同时，全国的进出口总额也明显开始以更快的速度增长。

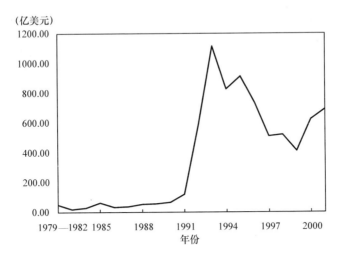

图 11—5　1979—2000 年全国外商直接投资变化图

资料来源：《新中国 60 年统计资料汇编》。

---

　　① 《1993—2003 跨国公司与中国"结婚十年"》，中国网（http://www.china.com.cn/chinese/2003/Jul/365456.htm）。

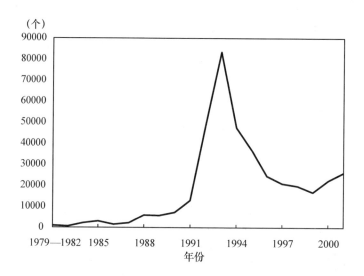

图 11—6　1979—2000 年全国外商直接投资项目数量

资料来源：《新中国 60 年统计资料汇编》，国家统计局国民经济综合统计司，2010 年。

　　1992 年的邓小平南方谈话，推动了全国市场经济改革开放局面的形成。至此，广东的窗口作用发挥到极致；广东改革从先行一步历史性转入与全国同步的新阶段。

第三篇

广东全面深化改革

20 世纪末 21 世纪初，广东改革进入了同步阶段。在同步阶段，难免有失落和质疑"被谁抛弃"，但更多的是寻找新的改革突破口。比如整合广东的市场范围，做强广东的市场核心，深化行政审批改革。

广东全面深化改革，取得了巨大的成绩，得到中央的认可与推广。在社会主义新征程上，广东正在努力"走在全国前列"。

第十二章

广东的发展环境变了

进入同步改革阶段后，广东的日子开始难过了。加入 WTO 对广东在产业上的直接影响并不是很大。广东在改革开放伊始就已获得外资技术和资金支持，因此在 20 世纪末就承接了各类世界产业链的下游产业。但在全国都进行外资投资建厂的大环境下，广东的独特吸引力日渐衰微，对外资的吸引力正处下行阶段。

国家战略转移导致了广东政策红利消失殆尽。与全国其他地方的新优惠政策相比，广东无疑落了下风。新开放地区的低廉用工成本和地方政府优惠政策导致了部分已在广东建厂的企业出现了将厂址迁离的意愿。

特区不特的问题无论对广东还是深圳都成了一个不得不去面对的问题。曾经在 20 世纪 90 年代叱咤风云的广东明星企业有的开始出现了衰落的苗头。

第一节　国际的发展环境变了

2001 年是一个特殊的年份。经过长达十五年的准备、谈判和博弈，从"复关"到"入世"，终于在 2001 年 11 月 10 日，世界贸易组织第四届部长级会议审议并通过了中国正式加入世贸组织的决议。

这一次，世界得到了中国，这无异于欧洲发现美洲般具有里程碑意义，可以说，中国加入 WTO 等同于经济意义上的地理大发现。在过去的二十年间，虽然中国一直处于改革开放的状态，却仍然游离于多边贸易化体系与全球市场经济之外。而在世界经济趋于平缓的 21 世纪伊始，中国作为一个市场潜力巨大，规模超越以往任何一个经济实体且增长速度惊人的新兴市场，迅速成为全球投资者趋之若鹜的香饽饽。

而对于中国而言，中国亦得到了世界。加入世贸组织无疑是改革开放进程中重要的一环，它能够促进中国对外贸易和招商引资，使中国更好地融入国际经济中，从而深化改革开放。这是个前所未有的时代，巨量的资金流入的同时，各种门类的技术也随着大量外资企业投资建厂而传入中国。在中国的优惠政策和低廉的用工成本的吸引下，从亚洲"四小龙"、欧美产业转移而来的企业落地内地。加入世贸组织在提供了大量就业岗位、带动地方经济发展的同时，也向中国开放了巨大的全球市场。中国的对外贸易市场也从原本的由政府主导，以政府政策调控为主的模式，转向由市场主导的，以全球市场动向为主的模式。自此中国正式成为世界经济贸易的一部分。然而事实上中国是变成了世界工厂，绝大多数产业链都被中国所承接。由此，中国成为继工业革命时代的英国、"二战"时期的美国之后，第三个拥有全球唯一的全工业链体系的国家。

第二节　国家的发展战略变了

伴随着 21 世纪的新局面，中国的国家战略开始发生巨大的变化。为了贯彻落实"实现共同富裕"的目标，国家将经济建设的重心转向"西部大开发""中部崛起"和"振兴东北老工业基地"上。

西部由四川、云南、贵州、西藏、重庆、陕西、甘肃、青海、新疆、宁夏、内蒙古和广西 12 个省、自治区、直辖市及湖北的恩施土家族苗族自治州和湖南的湘西土家族苗族自治州构成。西部大开发战略的目的，是将新中国成立以来因为交通原因、历史原因和政治原因，没有得到很好发展的西部地区进行发展。西部地区的范围和地势图是大致吻合的，即第一、第二阶梯。由于处于海拔较高，地势复杂，西部地区的发展一直受到限制。而西部大开发则从最基础的方面开始去改变这一现状——基建。从"十大工程"到青藏铁路，从大规模机场建设到大规模铁路网、公路网修筑，从西部城市基建建设到西气东输，西电东送工程的继续实施。中国从西部最大痛点出发，在东部城市基建建设的经验上，对西部开始更加科学、合理地建设。

中部包括山西、河南、安徽、湖北、江西、湖南 6 个相邻省份。"中原定，天下安"，中部拥有占总人口四分之一的人口数量和总经济五分之一的经济总量，发展中部是对经济潜力的挖掘和一体化平衡发展的实践。中部崛起战略发展重点，是在中部发展的现有基础，提升各类产业的产业层次，并有序地、科学地推进工业化和城镇化，在发挥承"东"启"西"和产业发展优势中崛起。加强现代农业，特别是粮食主产区建设，加大农业基础设施建设投入，增强粮食等大宗农产品生产能力，促进农产品加工转化增值。重点建设某些重点地区的机场、码头，对铁路和公路建设加大投入，基建方面大幅提升，打造综合交通运输体系。

东北地区，是中国工业发展的基础，中国的重工业大量富集在这片白山黑水中，而在面临来自改革开放的新历史时期时，东北由于产业结构上的缺陷，发展缓慢。振兴东北老工业基地，就是在这种历史条件下，为了进一步加快东北地区发展，以平衡区域不平衡发展的现状而产生的。战略从多方面入手，优化产业结构，将不再适应潮流的落后产业淘汰；鼓励技术创新，以技术带动发展，加强基础建设，引进现代农业，促进城市从工业城市向现代城市转型。

国家战略的转移是多方面的，一方面是政策上给予三大片区更多的优惠，另一方面是使沿海先发展地区帮扶较落后的西部和中部。这种转移是必然的，区域不平衡发展的现实是不能忽视与放任的。通过国家层面去倾斜发展西部、中部和东北，正如改革开放优先发展东部一样，是顶层设计的结果，也只有这样的方式，才能切实地对欠发达的地区进行有效发展。再者，东部的产能已经有过剩的趋势，转移到其他地区是一个好的方式。在基建建设领域，东部的路网已经日趋完善的背景下，这种多出的产能转移到中西部地区，既能帮助东西部地区发展，又能解决过剩产能，是一种互利互惠的解决方案。

　　而与此同时，在中国的长江三角洲，上海蓬勃发展，势头正盛。1992 年春天邓小平从广东北上，视察上海时，对上海市委书记吴邦国说，浦东要借鉴广东的经验，后来居上。浦东是带着上海的希望和使命在开发的：浦东国际机场等基础设施建设、各类开发区、对外资的吸引……每个招式都是重拳。与当时的广东主要寻求工业化道路不同，浦东新区的建设重点除了先进制造业还有第三产业的对外开放。这助力了上海的国际区域性的经济、金融、贸易和航运中心建设，同时也带动了长三角甚至是整个长江流域的经济腾飞。随着 20 世纪 90 年代上海浦东新区的成立与开发，大量资本转向上海，优质企业纷纷把总部设在上海，或直接迁往上海。短短几年内浦东新区就形成了对经济特区强势的追赶态势。据 1994 年《上海金融》刊登的文章分析，1993 年，浦东新区的 GDP 为 154 亿元，深圳特区的 GDP 为 414 亿元，浦东新区的 GDP 约为深圳特区的三分之一；一年后，浦东新区 GDP 增长 81.8%，达到 280 亿元，深圳特区 GDP 增速为 35.3%，达到 560 亿元，浦东新区 GDP 约为深圳特区的一半[1]。2005 年，浦东成为首个国家级综合配套改革试点地区，试点体制创新，开始了"二次创业"。

第三节　特区开始不特了

　　焦虑的情绪是从 1998 年的亚洲金融危机开始悄悄滋生的，一方面，深圳高歌猛进的增长率在这一年的金融危机下开始放缓；另一方面，改革开放的进程也从局部的试验性改革，转向了全国性的普遍化的改革。深圳，不再是那个饱受关注的改革先锋。

---

　　[1]　浦东新区管委会政研室：《浦东开发五年　经济高速发展：浦东新区与各经济特区的比较分析》，《上海金融》1995 年第 4 期。

　　特区不特这个问题，从 2000 年开始，成为一个让深圳人感到迷茫与焦虑的问题，而这种复杂的情绪，在接踵而来的风暴里，扶摇直上，最终被引爆。

　　2001 年，是一个特殊的年份。对于中国来说，加入世贸组织无疑是改革开放进程中重要的一环，能够更好地融入国际经济中，深化改革开放。但对于深圳来说，中国加入世贸却在某种程度上引发了特区身份的争议，也给深圳带来了更大的挑战。

　　从改革开放之初特区先行的实验试点，到入世之后全方位的对外开放，经济特区所享受的特殊优惠政策受到了质疑。出于遵守 WTO 规则的需要，特区是否有继续享受优惠政策的必要和可能？如果不能继续享受特殊政策优惠（如与第三国之间的特殊优惠原则等），那么深圳特区"特"在哪里，今后该何去何从呢？尽管 WTO 的原则中并没有明确禁止成员国设立类似的经济特区，也不乏自贸区等先例，但最起码，深圳特区的发展之路，在中国加入世贸组织之后，已经需要做出相应的改变。深圳能够转而依靠高效的行政管理、良好的投资环境等优势，在与国内其他竞争城市日益激烈的对抗中胜出吗？一时间，深圳"特区不特"的言论甚嚣尘上。

　　深圳的产业结构也面临新的转型，改革开放初期的"三来一补"为主的产业结构已经不再适应中国加入 WTO 后的发展模式。一是"三来一补"企业对政府税补的依赖很大。出口价格远低于销售价格，大部分利润被外国资本所获得。二是"三来一补"企业的管理权问题很严重。中方股东往往倾向于将管理权让渡给外方（原因是当时大部分外商的管理方法是优于国内的），这种发展模式会使国产自主品牌的发展受到遏制，不利于发展的可持续性。三是这类企业的污染都很大，对环境的破坏是极难恢复的。这也是产业发生转移的一大重要原因。

　　"三来一补"发展到已经规模化和集群化的 OEM 代工模式时，实质上已经将原本从西方转向亚洲"四小龙"的制造外包环节，再由亚洲"四小龙"转至深圳；这种低端加工行业的增长已经达到了平稳的阶段，深圳也就不得不需要找到新的增长点，这种寻找的过程也就被视为一种徘徊的迷茫。

地方政府本身也遭到了改革"瓶颈"期，开始成为改革的对象。深圳著名的改革先行者袁庚说过，"要是成功了我们都没有话说，要是失败了，放心，我领头，我们一起跳海去"，袁庚还说过，"大不了，再回秦城（监狱）去"。深圳之所以在改革开放之初一炮打响，除了国家政策的支持和引导，其实和改革者的无畏、无私、一往无前的精神也是密切相连的。但随着改革的深入，利益关系变得错综复杂，很多原来的改革者成了现在的顽固派，成了阻挡改革的既得利益者。畏惧改革成本太高，害怕损害自己的利益，在当时有很多人认为，深圳的思想僵化，行政效率低下。

当时在深圳发生了一些令人啼笑皆非的事情，比如2001年到2002年的暂住证风波，在2001年10月全国取消暂住费的背景下，深圳市政府一位官员后来解释说，实际上政府当时规定只收两个月的管理费外加20元成本费，但深圳政府出现了"突击办证"的情况，急于在停止收费的日期前捞一笔。深圳一位官员解释说，"不可否认的是，一些部门在实施过程中为了自身利益擅自增加收费，导致局面失控"。有人尖锐地指出，出现这种"突击办证"的怪事，体现出不甘心放弃既得利益的一种侥幸心态。[1] 因为根据当时的有关规定，停止收费的最后期限是在2月28日。硬要对出租屋开征治安管理费，只是为了弥补暂住证收费跳水后的落差。拿不起放不下的心态显得小家子气。

深圳的官僚习气引起的风波不止一个。2004年10月底，深圳市教育局等部委发文要求全市四年级以上的学生集体观看一部名为《时差七小时》的电影，但该电影不仅不久前上映反映平淡，而且据很多家长反映缺乏教育意义。直到后来有人披露，这部雷人电影中长相平

---

[1] 《打工者何时才能解脱？深圳暂住证背后的利益纷争》，《南方周末》2002年7月25日第3版。

平的女主角兼小说原著作者妞妞竟是深圳市主管文化的市委副书记李
意珍的女儿。一下子舆论哗然，又爆出这位市委副书记拿出了数十万
英镑送女儿妞妞去英国读书，且妞妞本人也大有来头，名下拥有三家
公司的股份，资产达到近 800 万元人民币。人民网发文谴责称这种
"强推电影"的做法，无论是李意珍有意为之，还是其下属为了讨好
上级而擅作主张，都已经落入对公权力滥用的范畴。

　　唱衰的顶峰是群众的呐喊——《深圳，你被谁抛弃？》。2002 年
11 月 16 日，一位名为"我为伊狂"的网友在新华网"发展论坛"和
人民网"强国论坛"两个平台上大敲警钟。这篇名为《深圳，你被谁
抛弃？》的文章用犀利的文字直指曾盛极一时的深圳特区，充沛的感
情中透露着化不开的忧伤，极具煽动性。似是一个昭示，又仿佛一个
预言：深圳，这个改革开放的排头兵，将要不可避免地衰落。

　　这篇文章一石激起千层浪，在民众中引发了激烈讨论，更得到了
深圳市领导的重视。"我为伊狂"真名为呙中校，在这篇帮助他得到
时任深圳市长于幼军接见的文章中，他列举出了很多令深圳人不安的
例子，来佐证其"深圳即将在激烈竞争中示弱甚至没落"的观点。他
在文中提到，据传中兴、华为两大深圳技术骨干企业将要迁出深圳，
"定居"上海。而早在同年 9 月，在深圳土生土长的平安保险也在上
海宣布将投资 20 亿元在上海陆家嘴金融贸易区建立平安金融大厦。当
时深圳的第一纳税大户招商银行，也有将要迁至上海的传闻。作者悲
观地预示，"招行和平保，是深圳金融产业的龙头；中兴和华为，是
深圳高新技术产业的骨干。如果这四大金刚脱'壳'而去，深圳的金
融产业和高新技术产业无疑被釜底抽薪，深圳还能有未来吗？"呙中
校把深圳特区的式微归结于国有改革迟缓、行政效率低下、治安环境
恶劣、城市环境恶化，认为深圳的领跑地位不仅被北京、上海超越，
甚至还受到后起的苏州、大连、青岛、东莞的步步紧逼。

　　深圳特区何去何从？深圳还能继续走以前的老路吗？呙中校和其
他很多人看衰深圳的担忧会成真吗？

　　那是 2002 年的冬天，未来的一切都还难以预料。

第四节　明星企业衰落了

在佛山的西北角，健力宝辞别李经纬。在佛山的东南角，科龙告别潘宁。

健力宝的衰败从1997年开始，作为行业龙头的它在国内软饮市场的平均20%增速的环境下却开始走下坡路，2000年销售额降至31亿元，比巅峰的1997年降低43%，究其原因，大致是三方面：管理层缺失，盲目跨界与改制的进退两难。

管理层缺失，由于健力宝由李经纬一手创立，长期以来他兼任董事长与总经理，他敏锐的市场嗅觉与营销掌控是健力宝取得跳跃式发展的根本原因，但是也因此埋下了祸根，健力宝的高管大多数是跟随李经纬多年的元老，在市场推广方式快速变化时，未能跟上步伐，导致之后健力宝在市场营销上出现巨大漏洞。同时，因其国企的身份，被硬性要求的45%的三水本地员工比例，导致整个企业因此裙带关系盛行，而在健力宝股权纷争发生时，这一弊端被无限放大，整个企业的管理因李经纬团队的出局而陷入混乱。

盲目跨界，李经纬盲目自信而不断跨界至地产、医药、快餐、体育服装、汽车维修、酒店、证券、旅游、媒体等行业，并举债10亿元在广州修建健力宝大厦，资金吃紧的健力宝不得不在品牌形象与渠道培养上减少投入，继而被竞争对手（尤其是从大型城市向下扩张的百事可乐和可口可乐）绞杀，之后的弥补也事倍功半。

改制的进退两难，是健力宝走向没落的最大原因。20世纪90年代中后期，一些国有企业在市场竞争中显现出"体力不支"，因此政府开始尝试"国退民进"的政策，国有资本从竞争性领域逐渐退出，经营者被允许以各种方式购买企业的资产。在李经纬看来，饮料行业无疑是百分之百的竞争性领域，将健力宝的产权明晰化是完全符合中央政策的。李经纬及其团队的数次改制，都因为政府的原因被阻挠，而二者的关系也在这种交锋中恶化到了极点。

在这一时期，出售健力宝已成为许多人的共识。其需要研究的问题仅仅是，把这个从前的"香饽饽"、如今的"烫手山芋"卖给谁。一次关键性的会议在 2001 年 7 月召开。三水市政府为健力宝召开了转制工作联席会议，市委、市政府领导悉数到齐，每个与会的政府官员都被要求依次当场表态。结果，90％的人主张卖掉健力宝，但是不能卖给李经纬团队。

第一个出现的是来自新加坡第一食品公司的魏成辉，李经纬团队用舆论的方式将这次攻势打退，"民族饮料将成外资所有""健力宝被贱卖"的新闻占据了各大媒体的头条，舆论汹涌而来；又加之健力宝宣称的 4.5 亿元赎身计划的影响，三水市政府不得不放弃新加坡公司方案。

随后是来自娃哈哈的宗庆后，他对健力宝十分动心，因为不能了解其实际情况与对健力宝企业强悍文化的忌惮，出手十分谨慎，而李经纬则通过各种渠道向宗庆后进行说服，三水市政府与宗庆后的谈判在这种情况下进行着。2002 年 1 月底，是三水市政府出售时间表的最后期限，李经纬在劝阻宗庆后的同时，再次向市长提出了 4.5 亿元的收购方案，市长出于舆论等多方面原因，表示："要买可以，我给你们一个星期的时间。"双方随即以一次性给付 4.5 亿元的方案达成一致。

眼看一直以来的坚持有了回报，健力宝即将开启新的时代，但命运却又跟李经纬开了个天大的玩笑，张海出现了。张海因偶然在飞机上看见健力宝股权转让的消息，随即改道直奔三水。而这对于心中对李经纬极为不满的三水市政府来说，无疑是雪中送炭。张海的各类头衔、背景和其开出的条件让人满意，他提议以李经纬的价格收购，并由国企浙江国际信托投资公司出面，这无疑是比李经纬更好的收购人选。在三水市政府承诺卖给健力宝管理层的第六天，李经纬被告知，健力宝将被卖给浙江国投。

2002 年 1 月 15 日，三水市健力宝山庄，三水市政府以 3.38 亿元将健力宝 75％的股份出让给浙江国投，自以为是黎明前夜却被扼杀希望的李经纬，在会场的角落，如一块将朽的老木，一言不发地看着自己一手创造的健力宝被贱卖。翌日，他仰头含泪的悲情形象占据了国内几乎所有媒体的头版头条，观者无不叹息动容。

9 天后，李经纬突然脑出血，在抢救之后再也未离开过病房。2002 年 10 月中旬，他收到了以"涉嫌贪污犯罪"为由的人大代表罢免通知，并被立案调查，2011 年广东省佛山法院判定李经纬贪污，判处 15 年有期徒刑，没收 15 万元个人财产。

而健力宝的命运，则掌控在了年轻的张海手里。2004 年 8 月 23 日，张海被免去了董事长兼总裁的职务，而健力宝的颓势却由"全中国最善良的人"祝维沙继续引领着，让健力宝跌入更加深的低谷，在束手无策下想出售给统一集团受阻后，又出售给深圳商人李志达（原深圳小护士化妆品创办人）。继而健力宝因绕过政府出售而被迅速查封，在半年后恢复生产，并最终花落统一集团，黯然接受从行业龙头坠落的命运。

2005 年 10 月 20 日，顺德展览中心。第五届"中国顺德国际家用电器博览会"正在进行着，企业们纷纷将最具时代性的产品展现出来，在家电的高速发展期，一切似乎都很美好。除了那个角落里的科龙。

与前几届相去甚远，科龙集团不再拥有空间巨大、区位极好的展位，而是缩在一个不起眼的角落。在局促的展区里，海信的产品比"主人"科龙的产品还要多，那届指可数的十几款科龙产品，似乎在为一代家电巨头的陨落诵唱着哀歌。

从 1984 年的珠江冰箱厂到 2005 年的科龙集团，21 年的企业史中，掌门人从潘宁、王国瑞、徐铁峰和顾雏军再到最后的海信，五个时代的故事中，遗憾是主题曲。

潘宁作为创始人，创造了科龙恢宏的"潘宁时代"。而潘宁对科龙国企身份的认同和顺德市关于"靓女先嫁"问题的争论，科龙在鼎盛时期并未考虑改制问题，这成为潘宁后来的一大遗憾，而改制问题也成为科龙没落的定时炸弹。

　　潘宁退休后的科龙，由潘宁副手王国瑞掌舵。而在潘宁时代后期留下的"规模不效应"问题，成为"王国瑞时代"要解决的重大问题，由于外界对这位副手转正的掌门人是否能独立掌控科龙这条巨轮有疑虑，王国瑞急于用成果来表明自身的能力，便选择以"断臂折肢留脑袋"的激进改革方案。遗憾的是，由于缺少一个很明确的改革愿景和战略，又未曾建立一个稳固的改革团队，在大量的裁撤和变制中，王国瑞渐渐对改革失去了掌控。21世纪伊始，在科龙业绩出现大滑坡，内部干部抵制且政府频繁干预的情况下，王国瑞以辞职结束了未果的改革。

　　作为科龙最大股东的容桂镇的镇长，徐铁峰亲自下海，担任科龙新总裁。"徐铁峰时代"是更糟的时代，缺少了企业家能力和能量，却存在政治家的圆滑，这个时期的科龙出现了更多的权力寻租和内部腐败事件，加之徐铁峰以价格战作为战略，再一次虚弱了科龙的本体，继而发生的质量事故，令科龙雪上加霜。在接任一年半后，徐铁峰与容桂镇的资本一起退出，离开了科龙。

　　"顾雏军时代"的开始，是科龙寻求改制的结果，由于内部改造不再有效，容桂镇政府更加坚信"外来的和尚会念经"，继而选择了民企老板顾雏军接手正在坠落的科龙。科龙在顾雏军的手里，出现了一丝反弹的可能，他运用嫡系部队对科龙原体系进行改造，培养MBA人才进一步夯实管理层，科龙结构上的问题在逐渐地解决，同时，他大力压缩成本、整治企业腐败，科龙似乎有了转折。然而，命运又一次开了一个玩笑。2004年8月9日，郎咸平在复旦演讲中炮轰顾雏军，指责其侵吞国有资产。顾雏军随即与郎咸平展开了一场万人瞩目的论战，而论战却是以顾雏军被证监会以涉嫌用伪造身份证、虚假注资、造假账、诈骗国家土地等"八大罪状"抓捕，最终在2008年其因虚假注册、挪用资金等罪一审获判有期徒刑10年。2012年9月6日出狱。而在2017年，顾雏军案被发回重审，顾雏军对所有指控均拿出证据反驳，并对证监会提出诉讼，这桩无头公案，仍然不能盖棺论定。然而科龙却因此止住了上升的势头。

进入"海信时代"的科龙，失去了回归中国家电第一梯队的可能。如今，海信科龙成为科龙的新名字，而那个曾经成为亚洲第一的家电品牌，最终泯然众人矣。

第十三章

整合广东的市场范围

步入 21 世纪的广东，单纯依靠外向型经济带来的飞速增长已显现出颓势和弊端，为了谋求更加持久和健康的发展，广东需要找到新的增长极。

亚当·斯密在《国富论》中写道："分工起因于交换能力，分工的程度，因此总要受交换能力大小的限制，换言之，要受市场广狭的限制。"二百多年前提出的斯密定理不仅揭开了市场规模和经济发展的内在逻辑，还在 21 世纪的今天为广东走出发展困境指明了方向。

第一节 缘起 CEPA

2001 年，是香港经受金融风暴后的第四年，面对经济发展出现的困境，时任香港特区行政长官董建华向中央政府提出建立"类自由贸易区"的构想。这一构想在一个月之后就得到了中央政府的同意。2003 年 6 月 29 日，CEPA 在香港正式签署。而在同年 10 月 18 日，澳门也与内地签订了 CEPA。CEPA（Closer Economic Partnership Arrangement），全称为《关于建立更紧密经贸关系的安排》，其基本目标是逐步取消港澳与内地的货物贸易的关税和非关税壁垒，逐步实现服务贸易自由化，促进贸易投资便利化，提高内地与香港、澳门之间的经贸合作水平。

CEPA 签署的其中一个直接结果，就是"自由行"政策。由于人民币对港币的持续升值，到港购物比在内地更加便宜，在开放"自由行"政策后，香港成为内地居民的"购物天堂"。内地居民赴港个人游游客从2003年的67万人次增长至2015年的2794万人次，增长近41倍，年均增幅36.5%。大量的到港游客为香港带来了宝贵的商机。截至2014年，个人游为香港带来993亿美元的直接收入，并使旅游业成为香港的十大支柱产业之一。[①]

但另一方面，大量的内地旅客到港购买也导致了香港本地物资出现供不应求的情况，最为典型的当属奶粉。自从2008年内地国产奶粉频出质量问题后，内地家长对国产奶粉质量信心直线下跌，纷纷选择购买进口奶粉。但由于国内关税限制，进口奶粉价格较高，内地家长们开始到香港抢购奶粉，而投机者也趁机大肆倒卖奶粉以赚取差价，甚至雇用老人帮他们排队，导致奶粉供给紧张，引来香港社会不满，致使香港在2013年出台奶粉限购令，内地游客从之前一次能一两箱地购买，变为了一人一次只能带回6罐奶粉，再到后来一次只能带回2罐。此举虽然满足了香港居民的奶粉需求，但对内地庞大需求的限制也引发了香港奶粉供应商等各界的质疑声。而随着到港游限制的逐渐放开，内地旅客特别是水客的增多，给香港特别是车站和口岸附近的居民生活造成了困扰，以上水为代表的地区就曾多次发起运动。

而在金融领域，CEPA的签订为香港金融机构开辟了内地市场。2015年，香港银行在内地机构达446家，占内地外资银行总数的43%，79家香港机构获批人民币境外投资者资格，其中恒生银行借CEPA签订的春风，开始完善在内地的布局。根据CEPA补充协议六，恒生银行于2010年在佛山开设了首家异地支行，并在2012年与广东第二大证券公司共同成立广州广证恒生证券研究所有限公司，成为首家合资证券投资咨询公司，向内地的商业客户发表研究报告。2016年又透过CEPA补充协议十与深圳市前海金融控股有限公司成立恒生前海基金管理有限公司，进一步开拓内地业务。

---

① 《CEPA13年，内地香港双赢》，《人民日报》海外版2016年8月25日第2版。

　　总体而言，CEPA 采取"循序渐进"的方式，自从 2003 年两地签订 CEPA 主体文件后，之后的每一年均签署一个补充协定，不断扩大合作广度和深度，如 2014 年首次引入"负面清单"制度，2015 年签署了《服务贸易协议》，将广东与香港之间部分协议的范围拓展到整个内地。2017 年，两地在投资和经济技术合作领域又分别签署了《投资协议》和《经济技术合作协议》，为内地新一轮以服务业为重点的对外开放蓄力。

第二节　泛珠三角

　　在 2003 年 6 月 CEPA 签订后不久，同年 11 月，时任中共广东省委书记张德江公开提出了"泛珠三角经济区"的构想。

　　泛珠三角经济区概念并不是横空出世的，而是基于 20 世纪 90 年代的"珠三角"和"大珠三角"概念。"珠三角"主要包括广州、深圳、珠海、佛山、东莞、惠州、中山、江门、肇庆，而"大珠三角"则在"珠三角"基础上加入了香港和澳门。在改革开放初期，广东的经济发展主要是通过利用外资发展外向型经济，因此尽管 80 年代我国为促进计划经济向市场经济的过渡而鼓励地区经济协作，但当时广东表现不积极。

　　90 年代初，上海经济开始快速发展并带动长三角地区崛起，同时全国扩大开放格局，环渤海经济区和长三角经济区已经形成。在发展优势逐渐减弱后，广东才意识到开拓发展腹地对自身后续发展的重要性。1998 年，李长春接任谢非担任广东省委书记，[①] 曾设想过建立华南经济协作区，希望通过联合周边的广西、海南等省、自治区，拓展广东发展的战略腹地。但是这一思路与"九五"计划将全国划分为七个经济区域的构想相冲突（七个经济区域指的是长三角和沿江地区、

---

　　① 中共广东省委研究室：《增创新优势，更上一层楼——广东 98 十大专题调研》，广东人民出版社 2000 年版。

东南沿海地区、环渤海地区、东北地区、中部五省地区、西南和广西地区和西北地区，其中广西属于西南和广西地区，海南、福建和广州属于东南沿海地区、江西属于中部五省地区），尤其是 1999 年底国家做出西部大开发的决策后，该建议就更加不合时宜；加上当时粤港澳合作没有实质进展，因此设立华南经济协作区的建议最终没有提出。

但随后的国内外大环境变化最终还是催生了这一设想。中央政府确立新的执政理念，强调要统筹区域发展，而广东的华南经济协作区由于囊括多层次发展水平的省份，正是对国家要求的有力回应。更为重要的是 CEPA 的签订使粤港澳合作实现重大突破，在新的粤港澳合作总体思路指导下，广东倡导泛珠三角的构想逐渐成熟。

在张德江首次提出"泛珠三角"设想后不久，广东、广西、福建、江西、海南、湖南、四川、云南、贵州一共九个省（自治区）的计委主任就在广州召开了联谊会。时任广东省常务副省长钟阳胜在会上表达了利用 CEPA 签订机遇，加强九省经济联系和合作，促进九省经济的共同发展的设想。此次会议成为推进九省探索经济合作新机制建立和与港澳的交流的起点。随后九省签订《泛珠三角区域合作框架协议》，确定每年举办一次泛珠三角区域合作论坛和洽谈会，作为促进各省项目合作和交流的平台。2004 年 7 月，广州召开首届泛珠三角区域经贸合作洽谈会，会议上共签约项目 847 个，总金额为 2926 亿元。洽谈会初见成效，得到了广泛认可。因此第二届洽谈会完成的签约项目就多至 4473 个，涉及的投资金额也高达 4535 亿元。[①] 截至2014 年，各省都轮流举办过论坛和洽谈会，并取得良好的合作收益。为深化合作，2015 年九省签订《泛珠三角区域深化合作共同宣言（2015—2025 年)》。

泛珠三角区域合作机制建立至今已经有 14 年了，主要依靠一年一度的泛珠三角区域合作与发展论坛和经贸合作洽谈会两个平台，通过

---

① 《泛珠合作升级为国家战略　如何改变"各自为战"？》，2018 年 9 月 14 日，一财网（https：//www. yicai. com/news/4763633. html)。

洽谈深化合作机制和签订合作项目来促进各地区的全方位合作发展。除此之外，还加强政府机构层面的沟通与合作，建立行政首长联席会议、政府秘书长协调会议等，衔接并落实合作项目的推进。

而在市场建设方面，泛珠三角区域以落实合作项目和扩大市场腹地为目标。为破除各省市场之间壁垒，各省积极推进省际交通建设，包括公路、铁路、水运、航空等，建设有粤港澳大桥、京港澳高速、贵广高速等，形成泛珠三角区域内密集的交通网络，使得广州到达南宁和贵阳的时间分别缩短了 10 个小时和 17 个小时；区域内还实施"西电东送"战略，建立跨区域的天然气运送管道。①

同时，借助泛珠经贸洽谈会，各省积极建立异地工业园，如湖南衡阳（深圳）工业园、江西吉安（深圳）工业园等，使得泛珠区域的产业优势得以通过转移进行互补，成为全国产业园区合作共建的典范。为了使跨区域公平开放的市场体系顺利建立和良好运行，泛珠三角区从一开始确定的基础设施、经贸、旅游、环保等十大领域拓展到工商、质监、海关、检验检疫、反走私、警务、司法、应急管理、安全生产等领域，建立"属地申报、口岸验放"通关新模式，开通区域内各省区鲜活农产品"绿色通道"等。

近年来，国家积极与东盟国家开展交流，作为我国对外开放窗口之一的泛珠三角，其发展对于我国与东盟国家关系的构建和"一带一路"倡议的实施有着重要作用。2016 年《国务院关于深化泛珠三角区域合作的指导意见》出台，"泛珠三角"经济区终于上升为国家战略。

纵观泛珠三角经济区合作进程，我们不难发现，地方政府在合作形成中占据了主导地位，而且合作的主要内容也是从政府政策、部门沟通的层次进行，由政府牵头举办洽谈会等。但区别于其他区域经济合作组织，泛珠三角经济区以自愿协商为基础、自下而上，主要由利益各方以市场机制为基础进行分工。在区域一体化已经成为国家战略

① 《世界第四大湾区崛起！粤港澳大湾区写进政府工作报告，广州要做"火车头"》，2018 年 9 月 14 日，乐居网（http：//c.leju.com/ef6f36b86886a52051dd7438e66c81bf/6244646471212515888.html）。

方向之一的当下，泛珠三角区域的深化发展，在促进国家对外开放和发展中将起到更加重要的作用。

第三节 粤港澳大湾区

进入 2017 年，粤港澳大湾区迅速成为舆论焦点。港珠澳大湾区战略在 2017 年被纳入国家政府工作报告，并在之后的中央经济工作会议中又被列入 2018 年重点工作，一跃成为国家级规划。

"湾区"概念的提出，源于世界上现有成熟的三大湾区：东京湾区、纽约湾区和旧金山湾区。东京湾区是"产业湾区"，是日本最大的工业城市群，汇聚了三菱、丰田、索尼等一大批世界五百强企业，有庞大的港口群和世界上最密集的轨道交通网，是日本与全球的"货物通道"。纽约湾区为"金融湾区"，汇聚众多银行、证券、期货、保险和外贸机构，是世界金融体系的"心脏"。旧金山湾区为"科技湾区"，是世界创新中心硅谷和斯坦福、加州伯克利等众多世界一流大学的所在地。而"湾区"概念在中国也不是新产物，早在 20 世纪 90 年代，香港科技大学创校校长吴家玮已经提出了"香港湾区"，一直呼吁香港与深圳建立"港深湾区"，在能力和资源方面进行互补发展，被认为是国内最早的湾区建设设想；[①] 2005 年发布的《珠江三角洲城镇群协调发展规划（2004—2020）》就正式出现"湾区"概念。2014 年深圳市在《政府工作报告》中提出要培育"湾区经济"，成为首次提出该概念的地方政府。而在 2015 年国家出台的《推动共建丝绸之路经济带和 21 世纪海上丝绸之路的愿景与行动》中就提到要"深化与港澳台合作，打造粤港澳大湾区"，这是"粤港澳大湾区"首次在国家层面提出。

从"珠三角"到"泛珠三角"，再到"大湾区"，体现了政府发展思路的演变。广东珠三角从改革开放的试验田，依靠"三来一补"

---

① 张日新：《粤港澳大湾区：文献综述及其引申》，广东人民出版社 2007 年版。

靠低端制造业发展起来，之后着力于拓宽市场范围，带动比邻的湖南、广西等省、自治区，而随着自身经济体量的提升和核心实力的发展，广东开始谋求产业链的更高位置，主动转型进行创新型发展。

相比于世界三大湾区，粤港澳大湾区拥有不逊色于它们的基础和实力。粤港澳大湾区人口超过6600万人，GDP约1.3万亿元，经济体量已经超过旧金山湾区并接近纽约湾区，其占地面积、港口吞吐量和机场通航量均超过三大湾区。而在雄厚的整体实力之下，大湾区内的城市也各具强劲的发展潜力。作为大湾区核心的深圳和香港是全国资金密度和国际专利密度最大的地区，香港成熟的市场经济体系和国际金融枢纽地位能为大湾区的发展提供经济运行和管理的经验及有力的金融支持，深圳蓬勃发展的创新企业群和创新发展体系能成为大湾区创新驱动发展的引擎，配合东莞、佛山等先进制造业之都，因此粤港澳大湾区一出现就引来社会的广泛关注和热切憧憬。

但同时我们也应该看到，广东要实现真正的"粤港澳大湾区"，不仅仅是依靠大湾区范围内部各城市的机械整合。真正决定粤港澳大湾区能否发挥出地区互补优势，最终成为世界第四大湾区引领世界新一代创新潮流的关键，是创新与互补。

一方面，粤港澳合作有良好的历史积累和交通基础条件，泛珠经济区时期高铁等基础交通建设就已经较为完善，而在粤港澳大湾区成立之后，以深中通道、广深港高铁为代表的一系列湾区内重点基础设施也已经进入施工或者规划阶段。但另一方面，粤港澳大湾区内存在两种制度、三个自贸片区，香港金融市场仍然被作为"海外市场"，金融和经济体制仍然与内地差异较大，无论是股权资本还是债务资本的流动都面临着较高的行政成本和较低的时间效率；而深圳和广州的经济总量与香港的差距在不断缩小，并有望在不久后实现超越，因此粤港澳大湾区内部的经贸关系和定位也在发生着改变，这对于制度改革和创新的应变能力提出了更高的要求。

总体而言，首先，粤港澳大湾区很好地承接了我国近年来的战略规划方向。党的十八大明确提出，到2020年要在全国基本形成区域协调发展机制，粤港澳大湾区与长三角、京津冀共同成为国家区域发展的关键枢纽和引擎。其次，粤港澳大湾区的提出也是为了回应"一带一路"倡议。2016 年升级为国家重点战略的泛珠三角区域规划，成为承接与东盟国家密切交流和落实"一带一路"倡议的重要平台，粤港澳大湾区的提出，更是为打造具有国际竞争力的高端平台，发挥高端区域——广东珠三角和港澳在区域发展引领中的作用，并为形成辐射东南亚和南亚的重要经济支撑带提供了更具有前瞻性的设想。最后，为了解决目前中国经济发展迫切需要转型和创新，改革开放初期所依赖的低端制造业由于人工、土地等成本上升，已经逐步丧失竞争力并开始向其他国家转移，而中高端制造业则逐渐往发达国家回流；同时国内还面临着产能过剩等问题，需要形成新的发展模式。①

相比于地区政府自发建立的泛珠三角经济区大市场，粤港澳大湾区则是迅速得到国家认可，成为国家发展战略，打破了原有行政区划上的"两制"界限，更加强调湾区经济和城市群建设，以更大的格局和更高的层次参与国际分工和竞争，并且着重发展高新产业和金融服务业。粤港澳大湾区虽然刚提出不久，但凭借雄厚的资源和清晰的方向定位，未来发展前景可期。

---

① 《粤港澳大湾区城市群建设》，《广东社会科学》2017 年第 4 期。

第十四章

做强广东的市场核心

第一节　广东双转移

改革开放以来，广东依靠低廉的土地、劳动力资源，通过承接国际资本和国外产业转移，以外向型经济的模式，取得了经济上的迅猛发展，但也为之后的发展埋下了隐患。

由于地方政府缺乏规划性的产业承接，结果导致各类企业特别是工业在地区分布中产生了明显的不均衡。2006 年广东省地区发展差异系数为 0.77，高于全国平均水平 0.67，也高于江苏的 0.71 和浙江的 0.38。东西两翼和粤北山区的人均 GDP 只有珠三角的四分之一。[①]

而另一方面，为吸引劳动力而提出的最低工资标准推高了珠三角地区劳动成本，赖以发展的土地资源也日益趋紧，促使劳动密集型产业的赢利压力陡增，继而导致招商引资的优势也逐步减弱，经济发展后劲现乏力，受到来自长三角地区的挑战。

除此之外，环境污染和能源紧张等问题日趋严重，当时广东的单位 GDP 能耗是世界平均水平的 2.2 倍，珠三角 9 个城市中有 8 个是重酸雨地区，关于环境保护和节约能源正逐步成为已经取得了一定程度发展的广东需要考虑的问题。

---

① 何志强、祝桂峰：《"双转移"：广东大战略》，《中国土地》2009 年第 4 期。

而广东看似光鲜的经济总量背后，也隐藏着巨大的隐患——当时广东经济对外依存度达到155%，远高于全国60%的水平，之后发生的金融危机也表明，广东经济发展容易受到世界经济波动的影响而存在较明显的脆弱性。

广东产业升级已经是势在必行了，但是在缺乏剩余土地资源的情况下该如何进行？"转移"成了广东的选择。即将已有的低端产业向外转移，来为高新产业的发展腾出更大的经济生态空间。而建设产业转移工业园成为主要手段。2005年3月，广东出台了《关于山区及东西两翼与珠江三角洲联手推进产业转移的意见（试行）》等文件，通过建设只用于产业转移的工业园来避免本地企业与珠三角转移企业相互挤占，保障被转移企业的运营空间。而在劳动力方面，则建立省推进产业转移联席会议制度和农民工联席会议制度。

产业转移园建设的确为广东的区域协调发展发挥了积极作用，产业转移工业园工业增加值占粤东西北地区工业增加值从2007年的不足1%上升到2009年的9.4%。[①] 珠三角占全省GDP比重从2007年开始下降，2013年四大区域（珠三角、粤东、粤西、粤北）人均GDP最高与最低之比是3.65∶1，与2005年的4.56∶1相比差距明显缩小。[②] 而在劳动力方面，2008年广东省农村居民人均纯收入为6399.8元，增长13.8%。各地共组织培训劳动力和新增转移就业同比分别增长51.6%和18.2%。广东省劳动保障厅的数据显示，培训转移后的工资水平较未受训普遍提高20%—30%。2008年5月至2010年9月底，广东省共培训农村劳动力203.8万人，转移就业362.8万人。珠三角各市劳动密集型产业比重出现了明显下降，其中，深圳、佛山、珠海、东莞降幅均超过两个百分点。[③]

---

① IUD中国政务景气监测中心：《广东"双转移"三年初见成效》，《领导决策信息》2011年第38期。

② 数据来源于广东省统计局。

③ IUD领导决策数据分析中心：《广东"双转移"图解》，《领导决策信息》2009年第26期。

尽管产业转移园区等举措取得初步成绩，但长久以来广东依赖低端制造业取得的巨大经济成就还是让官员和企业陷入了保守不上进的境地，企业一直以来适应了低端化生产，不容易自发升级转移。另外产业转移会触动当地政府的 GDP、税收、就业率等利益，由于政府的评价体系与这些硬性指标相挂钩，由此地方政府常常为了自己的利益而阻止产业迁出。

居民方面也产生了阻力。由于珠三角地区乡村的收入有很大一部分是来自向企业出租土地，当地居民依靠建造住宅出租给工人来获得主要收入。企业搬走、工人离开则意味着他们的收入将会受到影响。这种影响在相当长的时间内将促使集体收入和个人收入低于原有水平，损害村民的短期利益，故而他们更倾向于用各种方式留下企业。产业升级的动力短缺也为"双转移"战略的实施带来阻碍。产业升级需要充足的资本、现代科技的创新以及大量高新技术产业人才，而这些都是长期依赖低附加值产业的广东的劣势。截至 2007 年，高科技产业只占广东省工业总产值的 26.5%。由此出现了很多将低端产业迁出后，空出的土地厂房却长期空置的情况，引发争议。落后发展模式的惯性始终阻碍着广东产业转型升级的步伐。

2007 年汪洋到任广东后，立即展开了对广东省的调研。"解放思想"成了汪洋带领广东展开新一轮改革的先决条件。2008 年，广东省出台了《中共广东省委、广东省人民政府关于推进产业转移和劳动力转移的决定》，宣布在未来五年内投入 500 亿元用于实行"双转移"战略，"双转移"战略正式启动。①

"双转移"中的"双"指的是产业和劳动力的转移，即将珠三角的劳动密集型产业向欠发达地区转移，腾出空间以吸引高端服务业进驻，同时将欠发达地区劳动力向当地二、三产业和珠三角发达地区转移。与之前的"平均扶持"政策相比，"双转移"战略更加侧重于"用不均衡的发展手段来解决在发展中遇到的地区不平衡问题"。从

---

① 数据来源于广东省统计局。

2008 年到 2012 年，广东省每年拿出 15 亿元，通过竞标的方式择优扶持欠发达地区 3 个产业转移工业园的建设，并且通过竞争的方式在东西两翼和粤北山区建设 1—2 个大型产业转移园区。[①] 而在劳动力方面，广东省计划对省内 600 万农村劳动力进行免费培训，并将其输入珠三角先进制造业及服务业，这既能为珠三角转型升级提供充足的高素质劳动力，又能提高粤北等地民众的收入。

"双转移"战略在广东的提出并不是一蹴而就的，为了实现先富帮带后富的目标，广东省委、省政府从 1985 年起先后召开了十次山区工作会议，并且在 1996 年公布《关于进一步扶持山区加快经济发展的若干政策规定》，为山区发展提供政策支持。从 2000 年起，山区工作会改名为"珠三角地区与山区经济技术合作洽谈会"。而此后经济扶持的关注点开始包括粤东西两翼，之后四届分别在河源、韶关、梅州、湛江举办，并从第四届起改名为"珠江三角洲地区与山区及东西两翼经济技术合作洽谈会"，东西两翼承办第五届洽谈会。[②]"山洽会"举办的成效让广东更加明确了帮扶欠发达地区的战略方针。这种设想在之后孕育成了"双转移"战略。

"双转移"战略的实行同样面临着巨大的挑战。金融危机的冲击，加剧了人们对"是否应该启动改革"以及"改革是否应该在当下进行"的质疑。不少政府官员在面临金融危机带来的压力时，没能认识到借助金融危机淘汰落后产业的价值，为保持政绩而抱残守缺。同时由于广东经济对外依存度较高，大量依靠对外贸易的企业面临亏损或破产，即便是现金充裕的企业也变得更为谨慎和保守，因此 2009 年之后几年产业转移速度较之前有明显下降。

另一个争论的焦点就是"腾笼"主要推力应该是政府还是市场。作为"双转移"战略的先行者——东莞曾经试图通过提高租

---

① 《领导决策信息》：《汲取产业转移园教训 广东 500 亿推进"双转移"》，《领导决策信息》2008 年第 22 期。

② 陈雷刚：《试论新世纪以来广东区域协调发展战略的跃升：从"山洽会"到"双转移"》，《广州社会主义学院学报》2009 年第 3 期。

金的方式来淘汰落后产能。但随后著名经济学家吴敬琏就指出，不能简单认为劳动密集型产业就是低级产业，资本密集的才是高级产业，产业升级并不是用行政手段将落后产能赶走，而是要扩大和提升附加值。《南方都市报》也曾发表社论《以市场之力腾笼换鸟　用政策之手改笼育鸟》，主张市场才是"腾笼换鸟"的主要推力。

面对外界的种种质疑和不解，汪洋始终坚持解放思想，"允许改革失败，不许不改革"。他在 2008 年的全省经济特区工作会议中说道："这些争议中，有的赞成，有的反对。我也想了，广东改革开放三十年，走的是自己的路，让别人议论去吧。现在仍然是这样，走我们自己的路，科学发展的路，让别人议论去吧。不管别人怎么说，'双转移政策'要坚决，'腾笼换鸟'要坚决。千万不要因为要保增长，不管什么都继续上。"

在"双转移"过程中，东莞担任了先行者的角色。闻名全国的"东莞模式"，其实就是典型的粗放型经济，即依靠低端加工制造业，无核心技术，无品牌。虽然在改革开放初期帮助东莞取得腾飞，但过度依赖外向型经济和劳动密集型产业使得东莞在金融风暴面前严重受挫，因此改革对东莞显得尤为紧迫。汪洋也把东莞作为"双转移"改革的主要把手和着力点，曾多次到访东莞。东莞在经历数年转型升级的阵痛后，逐渐走向产业转型升级拐点，高新技术产业培养已见成效。在广东省社会科学院公布的《2017 年度广东产业转型升级指数评价研究报告》产业升级排名上，东莞位居全省第五名，2017 年东莞全市高新技术企业从 2028 家增加至 4077 家，后备高新技术企业 2400 家，总量均居全省地市第一位。① 国内有效发明专利量 13822 件，同样名列全省第一。②

---

① 《东莞的底气在哪里？——东莞市实体经济发展综述》，《科技日报》2014 年 3 月 7 日第 2 版。

② 周桂清：《东莞产业转型升级成效居全省第五》，2018 年 4 月 20 日，东莞时光网。

第二节 佛山产业转移

陶瓷产业在佛山享有千年历史，也曾是支柱型产业之一，产量一度占全国比重达到50%，在全世界也超过20%的规模。但是由于对环境污染严重，以及占地多等缺陷，传统的加工制造环节在人口密度大、土地资源紧张的佛山显得越发格格不入。在2007年佛山环境统计中，陶瓷行业重点企业工业粉尘排放量、二氧化硫排放量、氮氧化合物排放量和工业废气排放量，分别占全市所有重点工业企业总和的59.86%、42.15%、32.27%和29.85%，严重影响了城市的环境质量。[①]

就在同一年，佛山下发了《关于加快推进我市陶瓷产业调整提升工作的通知》，明确要求要通过"扶持壮大一批，改造提升一批，转移淘汰一批"，将佛山的陶瓷企业分成了三类，一是符合扶优扶强政策，促其做强做大；二是符合要求的，允许在佛山继续经营；三则是不符合要求要在限期内完成整改，不能在限期内达到环境标准的企业必须转移，而符合关闭条件的企业将被依法关闭。根据要求，佛山超过80%的陶瓷企业需要外迁，截至2008年12月底，144家约占总数50%的建筑陶瓷企业自行转产、结业或被依法关闭。[②]并且允许企业整改的时间只有7个月，范围之广、力度之大，体现了佛山政府整改的决心。对于勒令外迁的企业，佛山市通过各种经贸协作渠道，帮助企业顺利转移到省内外原材料、能源更为丰富的地区发展。"腾笼"之后，佛山通过建造会展中心、研发中心等，注重与院校和科研机构合作，推进陶瓷产业从加工制造型向设计、研发等高端服务型升级，并引进国际先进技术和企业，培育新型陶瓷装备制造产业。

佛山陶瓷产业的转移，成功带动了周边省份建陶产业的发展，并

---

① 贺林平：《再造"绿色广东"》，《民生周刊》2012年第37期。
② 赵欣：《佛山陶瓷产业发展的研究》，硕士学位论文，对外经济贸易大学，2006年。

影响了全国的建陶产业布局。江西省由于地方政府积极把握对接机会，因此建陶产业迅猛发展，其瓷砖产量从 2007 年前不足 1 亿平方米到 2009 年形成了五大陶瓷生产基地的规模。与此同时，由于佛山陶瓷转移，对全国一共产生超过 300 亿元的投资，湖北、重庆、湖南、山西等其余 7 个省市建陶产量增长幅度都超过了 50%，对全国建陶产业布局具有重要影响。

然而佛山陶瓷产业转移过程同样也遭到了很多质疑。佛山政府从发布整改文件到要求企业完全执行的过程中仅有 7 个月，很多企业都无法在这么短的时间内完成政府的指标。尽管政府会提供产业转移支持，但是可供准备时间过短，过程中曾出现迁入地的配套设施等尚未建设完成，员工因为不愿迁移而流失等情况。

而如何保证产业转移不仅是污染的转移，控制对转入地的污染，也同样成为人们关注的焦点。被转移出去的企业，大多是由于环保未能达标。转移毕竟只是权宜之计，要想真正解决环境污染和能源消耗问题，必须依靠技术革新来完成，否则只是掩耳盗铃之计。

第三节　深圳科技创新

饱受争议的深圳，并未就像"阶段性完成了历史使命"这种盖棺论定下，而泯然众人。与之相反，深圳再一次先行一步，吹响了创新的冲锋号。

《深圳经济特区改革创新促进条例》，是这场以政府为引导者的创新运动的先锋。它的出台既是一种总纲，又是一种激励。一方面，深圳的基因里就有深入骨髓的创新的精神，大量的新政策都孕育于此；另一方面，深圳的新兴主流产业，金融，高科技和互联网产业，都需要创新区支持它的发展与壮大。而深圳创新这一理念，也就应运而生，它既是深圳新的发展方向的确立，也是深圳产业转型升级的动力的产生。

深圳的涅槃开始了，从制度上的创新，诸如大部制；到鼓励进行技术上的创新。深圳逐渐成为一个以创新为主导的城市，从一开始的空有口号收效甚微，到日益从无到有，从小到大，深圳的创新之名逐渐成为创新之实。

对传统制造业而言，深圳不再满足"欧美设计，亚洲生产"的纵向分工模式，开始从"中国制造"向"中国创造"发展，在"三来一补"阶段蓄积基本生产要素，在"OEM 代工制造"阶段对西方先进技术模仿和学习经验积累后，国产制造企业开始了一轮又一轮的创新。

首先是在制作工艺上的创新，制作工艺环节对整个产品的影响，从单一环节来看，是微小的，但传导出来的影响是巨大的。以被冠以"血汗工厂"之名的富士康为例，在每个生产环节的方法的不断优化下，单模块的良品率有了提高；假使一种产品的模块有六种，若是单模块良品率从90%提高到99%，整个产品的良品率可以从70%提高到90%，而这种提高则成了富士康称雄这个行业的核心竞争力。[①]

在工艺创新之后的是向上求索的过程，深圳企业开始了对组织，产品，产业的创新的尝试。华为的发展是极具特色的，从一开始靠代销贸易赚取差价起家，到逐渐进入研发领域，并保持前端研发的前瞻性。在 3G 时代的华为，亦步亦趋地跟随着外国企业的步伐，4G 时代则可以与外国企业并驾齐驱，而走到 5G 时代后，则成为行业规则的制定者，领跑着国际产业标准。这种超越性发展的尝试是深圳企业家不甘仅仅做产业链下游的低端产业的缩影。这种尝试不仅在深圳一地，整个中国的各行业企业家，在汲取了西方的技术和管理经验之后，逐渐或主动或无意识地走向了创新和创造的路途。

而从现在看来，这种尝试是值得的。比亚迪作为造车行业的后进者，在品牌上有着很大的劣势，但通过使用它在模仿创新中所创造的"比亚迪模式"（这是它横扫在锂电池生产行业的日系企业的重要原因），从基础的低端汽车模仿开始，发展到电动汽车的创新突破，最终成为全球少数几家掌握了产业化一条龙生产电动汽车的创新企业，

---

① 《四十年来，深圳产业升级过多少次》，《南方周末》2018 年 1 月 26 日第 9 版。

从工艺创新走到产业链创新，比亚迪做出了典范。

创新产业的爆发点是在互联网业和高新技术业。

高新技术业的一个佼佼者是大疆，从名不见经传到世界第一，大疆并没有耗费多少时间。大疆的无人机，在今天已经成为军用、民用领域的王者，在可靠性和实用性上都在实践中被多次证明。而作为一个港科大的毕业生，创始人汪滔并没有将大疆公司设立在香港，而选择了深圳。原因是显然的，大疆并没有独立生产无人机的能力，它的所有生产都是依托于深圳的完整的产业链，实际上，大疆所提供的仅仅是无人机的点驱电控和摄像头两个核心专利，而其他部分都是在深圳各领域的创意工程师的通力合作下做成的。

生物科技领域称雄的华大基因也是深圳的孩子，它在早期遇到的问题来自封锁，外国企业不肯售卖测序装备，而基因的测序工作又离不开高水平的测序设备；深圳的产业链再次表现出了它的强大，在华大基因将测序标准和要求提出后，电子制造业产业链很快形成了与之相符的配套，华大基因也就一跃成为中国最大的基因测序设备生产商。

华大的成功也与深圳数字化发展的高速度密不可分。在全国超算中心刚刚挂牌时，深圳的企业就已经能做到"超算化"，从华大基因到光启科技乃至深圳交易所，都是超算中心。这种在算力上的加成，促使华大基因在生命科学领域扶摇直上。

作为改革开放的前沿阵地，深圳的互联网业是中国互联网业的一个重要部分，一批批互联网巨头都由此走上时代的舞台。从耳熟能详的腾讯、迅雷、梦网之类互联网寡头时代的赢家，到以恒河沙数计的特型化的大大小小的互联网，＋互联网类公司。

实际上，深圳互联网业的起步是晚于北京与上海的，但是，深圳成了一个互联网企业的孵化器，而大大小小的鼓励政策、简化手续政策，使互联网创新的频率与数量远超全国其他城市，而这种对互联网从业者的吸引力又因深圳越来越多的可触及的互联网行业资源而进一步加强，这种循环往复的强化过程，如同马太效应一般，使得深圳的互联网行业实力不断壮大。BAT，三个后互联网时代的寡头，不约而同地将深圳作为其重点发展城市，深圳又再一次成为互联网行业的"香饽饽"。

腾讯是一家在 1998 年诞生的企业，它的成立在当年数以千计的新公司中并不显眼，而 20 年后的今天，它创造了自 2005 年上市以来的超 400 倍回报率的奇迹；在深圳的沃土上，腾讯从 QQ 的成功开始，从借鉴走向微创新或合作，从封闭走向开放，它从未停止过自我创新和迭代。在"3Q 大战"的失败中，它迅速开始反思，开始将封闭的公司资源平台开放给所有开发者，在合作中求得共生；在即时聊天的下一个关口，它后发制人，用微信打败 KIKI；腾讯最终由一棵树苗长成了参天大树，并在不断将枝丫发散，今天的深圳互联网业中，不在少数的企业含有腾讯系的血统，可以说，它的发展创新史也是深圳寻找创新的历史最好写照。

深圳政府也在不断探索中寻找着深圳下一步发展的路。与工业化时代的"轻创新研发，而重制造成本控制"不同，数字经济时代的数字化产品的制造成本极低，研发成本成为首先要考虑的问题。深圳政府在 20 世纪末也曾遵循工业化时代的扶持思路，想要扶持从而建设八个"超百亿集团"，而现实证明了这种策略最后是失败的。

政府也逐渐知道了对于鼓励企业创新这一点而言，量身定做的优惠政策不仅可能是无用的，甚至可能是有害的；只有找到了企业的产业链的关键点，并加以针对性的引导，才能让企业的创新高产地、可持续性地出现。

深圳政府曾做过类似"立木为信"的引导政策：1995 年，在深圳的产业从代工制造向自主创新的转型期间，苦于企业对新技术并没有独立研发能力，也没有发展这种能力的意愿；政府先是出台了政策，自建研究机构可以获取补贴。第一个吃螃蟹的企业立刻获得了 500 万元的补贴；而到了第二年，当更多企业来申报时，政府又进一步提出研究所不能空有办公室而无符合资质的研究人员，企业纷纷到学校请老师来当科学家；第三年的申报要求又提高到需要具体研究项目，企业家们立刻扑入学校找老师的研究课题；第四年则开始需要项目前景预测和市场调研分析……到了 2000 年，终于有一批企业尝到自主研发创新的甜头，开始了自发的产业创新。这种创新最终的成果是深圳著名的"四个 90%"，但若是缺少了政府在 1995 年进行的引导，深圳企业转型的"登天一跃"可能并不是那么容易自发地产生的。

这种创新理念作为导向的发展方针，并不是深圳所首创，却能在深圳大放异彩，这是深圳的根所致。改革开放的过程，本质上就是一种创新，从无到有地探索一种既保有原有政治体系不动摇又鼓励经济发展的模式，这种探索，既是自上而下的顶层设计的产物，又是自下而上的自发发展的产物。它的存在，决定了深圳人具有的一种敢于先人一步的探索精神，这种创新的精神，也正是创新城市能落地成为现实所需要的。

在创新的理念的引导下，深圳的发展再一次搭上了东风，这种发展速度体现在 GDP 上是深圳在拔地而起 40 年不到的时间内超越了省会广州。深圳的未来是很难预测的，下一个时代的变革并未很清晰地展现出来，但可以预测的是，深圳作为一个从出生就具有强烈的自我革新，不断进步意识的城市，不会坐等被时代超越，而是在浪潮来临前，做好冲浪板。

第十五章

深化行政审批改革
（1978—1991 年）

2013 年 1 月，企业家兼政协委员曹志伟在广州两会上拉开了他的"万里长征图"——一幅 4.8 米长的示意图，完整展示了一个房地产项目从立项到审批完成的全部程序：20 个委、办、局，53 个处、室、中心、站，100 个审批环节，108 个章，审批工作日累计达到 2020 天，即便只沿着关键的路径走至少也要 799 个工作日。不少企业都曾因烦琐的审批制度而困扰，但是当曹志伟团队将准确的数字统计出来后，依然在社会上引起了巨大的轰动。

社会的改变，尤其是经济体制的变化，都会对政府职能提出新的要求，因此中国在改革开放以来一直探索政府体制改革。1982 年我国开启第一次政府机构改革，重点在于压缩机构和精减人员，实现干部年轻化；1988 年则首次明确提出"转变政府职能是机构改革的关键"；1993 年我国启动了第三次政府机构改革，目的是实现首次提出的建设社会主义市场经济体制的目标；而 1998 年的政府机构改革继续深化市场经济建设；随着我国进入世贸组织，2003 年我国启动第五次政府机构改革，进一步转变政府职能；① 来到 2008 年，我国正式开启第六次政府机构改革，以大部制改革作为改革方向和手段。

"大部制改革"是指整合政府机构中职能相似的部门和业务，避

---

① 宋世明：《改革开放以来的政府机构改革》，《学习时报》2008 年 1 月 15 日。

免因部门间职能重叠交叉产生的重复办理、推诿责任等问题，提高行政办事效率。作为改革开放以来的试验田，深圳和顺德分别代表大城市和县级城市开始了改革的探索。

第一节　顺德大部制改革

就在国家宣布开启第六次政府机构改革的同年，即 2008 年 11 月，顺德就被列为广东省"科学发展、先试先行"的地区，开始率先探索大部制改革的具体措施。而在次年即 2009 年 9 月，顺德区完成《佛山市顺德区党政机构改革方案》正式揭开"大部制改革"序幕。顺德区计划将原有的党政机构数量削减三分之二，从原来的 41 个减为 16 个，被媒体称为中国"最大胆"的党政大部制改革。同年 12 月，汪洋就在广东省深化体制改革工作会议上高度认同"顺德大部制改革"，并在其实施不到两年时间里向广东 30 个县（市、区）进行大力推广。

事实上，这不是顺德历史上第一次大规模削减党政机构了。作为改革开放的先行者，顺德早在 1992 年便进行了以"简政放权"和企业产权改革为主要内容的行政体制改革，通过采用党政合署办公等方式，把原有 56 个党政机构简化为 28 个，并于 1999 年再次进行改革。两次改革极大地释放了顺德的经济活力，使顺德成为中国第一个 GDP 突破千亿元的县级行政区域。① 但是随着社会发展和变迁，旧有的行政体制越发难以保持原有的活力，县级传统体制的牵制问题严重。顺德从 2000 年起连续 5 年成为全国百强县榜首后，最终在 2005 年将"龙头地位"拱手让人。

为走出发展困境，顺利完成大部制改革先行探索任务，仅仅在顺德被列为广东政府机构改革"先行先试"地区的次月，也就是 12 月，顺德区委书记刘海就到访国家行政学院，希望借助专家组智慧制定切

---

① 刘红波：《推进整体性治理，走向改革新常态——广东顺德大部制后续改革研究》，载《中国行政体制改革报告.4，2014—2015：行政审批制度改革与地方治理创新》，社会科学文献出版社 2015 年版。

实可行的大部制改革方案。课题组经过广泛的调研和资料收集，最终完成了研究报告，这就是 2009 年公布的顺德政府机构改革研究报告的由来。[①]

事实上，由于各部门功能职权分割日益细化，部门之间职权交叉以致出现相互推诿的现象，政府部门管理体制落后于社会主义市场经济发展的要求已经成为共识。不适应市场经济的行政管理体制无疑会增加企业的行政成本、束缚市场活力。因此政府要整合相似职能和部门，建立统一协调的管理体系。这也同样是国际行政改革的趋势，主要的发达国家和地区的政府改革普遍推行"大部门"思想，增强其统筹管理的能力。

经过对部门职能的重新梳理和整合，顺德大部制改革最终实现了提高行政效率的目标，例如在处理食品安全监管工作上，由于食品安全监管具有综合性，因此此次改革整合了工商、质监、食监、卫生、农业等多个部门的相关职能，组建市场安全监管局来进行统一监管；而顺德区行政中心根据职能关系重新调整行政服务窗口，将相近的业务窗口设置在一起，节省市民和企业办理业务耗费的时间。根据中山大学 2010 年的 2200 份问卷调查结果，近 70% 的受访者认为改革能显著减少到政府机关办事的次数，认为办事时间在 1 小时以内的人数所占比例增加了 20%，另外认为办事成本减少了的受访者占比为 51%。[②]

顺德大部制改革提出了开创性的改革思路，既有对权力碎片化问题的破解，又有对党政合一的探索。然而行政体制改革是一项系统性的工程，不能仅仅依赖地方政府。"上改下不改是等死，下改上不改是找死"，这句看似玩笑的话实则有着深刻的含义。基层的变革需要上层的配合和联动才能取到实质性的效果。虽然顺德大部制大幅度削减了行政机构数目，但是也正是由于多个部门集中为了一个，原本由

① 《顺德改革的"智囊"力量》，《光明日报》2010 年 5 月 7 日第 11 版。
② 《中山大学课题组关于顺德区大部制改革调研报告》，载《广东省大部门体制改革——探索和实践》，2011 年 11 月广东省机构编制委员会办公室编，第 125 页。

多个部门对应的省市部门现在都要一个部门来对接，而且省市会议基本都要求部门副部以上的领导参加，部门领导光是开会就疲于奔命了，对于改革实质性的效果没有明显的影响。另外，虽然顺德作为一个区拥有了地级市权限，但是相关法律法规依然不足以支持更进一步的改革，这也限制了顺德改革的深度和广度。

除此之外，改革还面临着其他问题。部门整合之后权力结构如何重构？主导权归属如何？这些问题都将影响大部制改革最终释放的改革红利程度。如在改革过程中曾将区农业局的职能进行拆分并分别并入了区社会工作部、区经济和科技促进局等，希望职能重组能够促使更多的部门都参与到农业农村工作中来，但在实践中发现区社工部难以调动其他部门，农业农村工作的力量反而被削弱。[1]

"大部制"表面上只是部门调整、缩减和合并，但其目标是促使政府职能的转变，提高行政效率，真正实现从管制型政府向服务型政府转型。服务型政府最终的服务对象为社会主体，改革的顺利进行还需要社会相应配套基础和资源的支持。例如改革后政府希望能把部分工作和权力下放给社会，但由于中国长期以来对社会力量的管理体制不完善以及对社会组织培育不充分，很可能面临当地缺少相应社会组织、人才的困境。[2]

改革并非一蹴而就。在 2009 年之后顺德进行了后续探索，例如通过进一步整合在 2014 年设立了农业局和食品药品监管局等。总体而言，大部制后顺德社会和政府治理能力有了较大提升，经济发展势头良好。顺德在 2012 年、2013 年连续两年位列中国市辖区百强首位，并获评中国全面小康十大示范县市，并且自 2012 年开始连续 6 年位列全国百强区榜首。[3]

---

① 刘红波：《推进整体性治理，走向改革新常态——广东顺德大部制后续改革研究》，载《中国行政体制改革报告.4，2014—2015：行政审批制度改革与地方治理创新》，社会科学文献出版社 2015 年版。

② 詹奕嘉：《顺德大部制："石破天惊"今如何》，《瞭望新闻周刊》2013 年 3 月 25 日第 10 版。

③ 《2017 年中国中小城市科学发展指数》，《人民日报》2017 年 10 月 9 日第 7 版。

第二节 深圳大部制改革

同样作为改革开放前沿之地，深圳通过不断创新和变革，在最近的四十年里一直焕发着瞩目的光芒。深圳尽管成立之初是作为"特区"享受着相对宽松的改革环境，但随着经济的增长和社会的演变，当年的改革者如今也成为利益既得者，改革先锋也终究未能摆脱体制的沉淀和束缚。早在 2004 年深圳就已经启动了一次"大部制"改革，5 年之后深圳市再次在政府机构改革道路上扬帆前行，迈出了更大的一步，除了 7 个机构外，直属机构中的其他工作部门、直属机构都被纳入改革范围，调整后深圳市政府工作部门由原来的 46 个减少为 31 个，减少幅度也达到了三分之一。

顺德大部制改革是政府的自我蜕变和对已有利益关系的重新梳理，难免会遇到阻力。山雨欲来风满楼，在改革开始之前，有关的小道消息已经开始散播，部门公务员担心改革会影响个人升迁。为缓解改革压力，从 2009 年 7 月开始，深圳市的主要领导开始对各个部门进行调研和安抚，在改革前夕还下发了《关于严明纪律切实保证政府机构改革顺利进行的通知》，以确保改革秩序。为了进一步确保改革的顺利进行，改革细节和具体范围甚至对许多局级部长也进行了保密。

长久的沉寂后最终迎来的是疾风骤雨。2009 年 7 月 31 日改革方案公布，仅隔一天后各个被改革部门的网站就已经做出了相应的改变并投入使用。除此之外，人事变更也非常迅速，8 月 5 日深圳市人大常委会正式任命 16 名部门正职，8 月 6 日又有 56 名干部被任命……改革一共涉及 139 个处级干部、199 个科级干部和 492 个编内人员改革后31 个政府工作部门的新方案仅用了 39 天就全部出台完毕。39 天完成一次如此大规模的改革，这已经成为中国行政改革史上的一个新纪录。

大部制改革对行政效率的提升效果的确是显著的。例如改革中深圳将驾校开办资质由原来的"审批制"改为"核准制"，减少了行政计划对市场的约束，从而使政府更多地关注于市场监管而非审批上。①
而对交通体制的改革同样令人瞩目。深圳通过整合交通建设、管理等
有关职能和部门，成立市交委统一负责城市道路、公路的规划设计、
建设、执法等，构建一体化的公共道路体系，缓解因交叉分割导致职
能不清、交通管理效率低下的现象，其中就包括"断头路"问题。在
大部制改革以前，不同区域之间的交通管理部门衔接不畅，导致容易
在区域交界处出现断头路，跨区域协商成本高、效率低。但是就在成
立了市交委后的 2011 年至 2014 年期间，深圳市就打通了 91 条断头
路，基本清除全市范围内的断头路。②

但改革伊始仍然面临重重挑战，部门职能合并和转移容易出现漏
洞，例如就曾出现拆违执法经过职能重组后，尽管从城管执法队分离
出去了，但是负责接收的规划国土委还没有完成建设，出现执法漏洞
的现象。③ 这正是改革后续需要完善的方向。

深圳"大部制"改革其实也受到了顺德方面的影响。深圳的机构
改革方案出台后，马上受到社会各方的热烈关注。但是当一个多月后
的顺德机构改革方案出炉后，社会舆论随即被转移，深圳方面压力顿
减。但与进行党政一体化探索的顺德改革方案对比，深圳改革似乎仅
仅局限在行政体系内部，先前对深圳改革普遍叫好的舆论声也发生了
改变。很多人有疑问：深圳究竟可不可以也实行党政合一的模式呢？
深圳改革是否彻底呢？

"这两个不能比，深圳和顺德改革的立足点是不同的。"深圳市委
党校教授傅小随表示，顺德改革主要是从实用角度考虑，目的是提高
行政效率；而深圳改革是纯行政改革，突出解决的是决策权、执行权、
监督权三者关系的处理。而深圳市人力资源和社会保障局局长、编办

---

① 《2017 年全国百强区榜单出炉　顺德六连冠》，《人民日报》2017 年 10 月 9 日第 8 版。

② 《深圳大部制改革 6 年考："小政府大社会"雏形已现》，《南方都市报》2016 年 1 月 11
日第 SA34 版。

③ 《深圳大部制改革始末：市委书记曾接到说情电话》，《南方日报》2018 年 4 月 26 日第
SC02 版。

主任王敏也表示，深圳拥有人口 1000 多万，改革的缓冲余地较小，不能直接套用党政合一的模式。[①]

"大部制"改革过程中并不都是做减法，最终能对行政效率做加法才是改革的本质。改革启动之初，深圳将五个与产业发展相关的部门整合成了"巨无霸"科工贸信委，原本希望整合能够解决职能交叉重叠的问题，但是经过了三年的运转，过于庞大的机构终究还是显现出了效率低下的弊病，因此在 2011 年 12 月又被重新拆分。[②]

改革开放伊始，政府主动引领市场经济体制的建立，但是随着市场经济的不断完善和发展，政府早期建立的对经济的干预和计划制度反而成了阻碍其发展的障碍，"管太多"和"管太细"逐渐成了政府管理暴露出的弊端。早期针对经济等领域的改革已经取得了巨大的成功，要想进一步激发市场经济的活力，下一步的改革就是针对政府本身，尽管简政放权等呼声不断，但对政府自身的改革涉及政府既得利益，改革进入"深水区"。尽管如此近年来不断坚持和扩大的"大部制"改革却向我们展示了政府深化改革的决心和智慧。

第三节　商事制度改革

在大部制改革进行之际，另一项政府职能转变改革也拉开了序幕——商事制度改革。商事制度改革，包括商事登记制度改革、商事审批制度改革和商事监管制度改革。商事制度的完善和发展主要在改革开放之后，但是由于长期受到计划经济的影响，现行的制度与我国的社会主义市场经济体制有较多不适应的地方。[③]

政府在很早之前已经尝试过相关商事登记制度的探索。2003 年，广东省工商局就首次提出"试行企业法人资格和经营资格相分离"的

---

① 《大部制改革 140 日考》，《南方日报》2019 年 12 月 24 日第 SC01 版。

② 《深圳大部制改革再动刀》，《中国青年报》2012 年 4 月 23 日第 7 版。

③ 尚平、田芬、张伟：《广东商事登记改革探索与实践》，《中国工商管理研究》2013 年第 1 期。

等级制度。2008 年，为了扶持中小企业摆脱金融危机的冲击，广东省工商局就曾经放宽住所、经营范围等登记条件。到了 2009 年，广东省委、省政府已经将商事登记制度纳入珠三角改革发展规划纲要。但这些举措的成果似乎都不痛不痒。

广东的商事制度改革起源于东莞市。2011 年，外资企业"茗莎公司"（化名）看中广东巨大的市场潜力，便向有关部门提交材料，准备注册公司、落户东莞市大朗镇，但一年过去了，公司的营业执照依然没有着落。而与此同时，在香港注册公司却非常便利，最短甚至只需要一个小时，与东莞形成鲜明对比。[①] 2012 年的《南方日报》刊登了这个消息，引起了时任广东省委书记汪洋的注意，汪洋批示要商改迈出实质性步伐。此后，东莞市大朗镇迅速启动了企业登记注册行政审批改革试点工作。

作为东莞市商事制度改革的发源地，大朗镇的商事制度改革探索出一条"东莞道路"，也为全国层面商事制度改革贡献了"大朗经验"。改革按照"宽进严管"的思路进行。繁复的市场准入审核制度增大了商事主体成立的行政成本，抑制了市场活力，针对这个现象，改革实行"宽进"，即简化市场主体准入流程，降低市场主体准入条件。

在"宽进"方面，大朗镇首先创新商事登记制度，出台三个政策，对症下药前置审批多、资本门槛高、住所标准高三大限制。一是先照后证、压缩行政审批事项，将 188 项前置审批许可全部改为后置审批，并将其余的 160 项后置审批压减到 109 项，破除市场主体准入壁垒。2014 年 5 月 9 日起，按广东省政府发布的《广东省工商登记前置审批事项目录》和《广东省工商登记前置改后置审批事项目录》，大朗镇仅保留 13 项前置审批，其余一律改为后置。二是资本认缴、降低市场准入门槛，注册资金小于 50 万元的企业可以"零首付"开公司，不用再扛着压力实缴几十万元的资金。三是放宽住所登记条件，

---

① 参考了 2012 年 3 月 28 日《南方日报》第 A12、A13 版的《一家外企注册一年未成功》。

放宽了对住所产权证明的限制，解决了大部分企业在登记注册过程中难以提供房产证明作为经营场地证明的问题，有效鼓励了各方投资创业，服务中小企业发展。这一政策在 2014 年 6 月升级成为住所申报制。

同时，大朗镇积极申请实施简政放权，东莞市工商局统一下放涉及商事登记的审批权限，为市场主体"宽进"提供便利。改革后，大朗分局实现了对东莞市一般工商登记事项的属地管理，并开全省工商系统的先河，将个体工商户的名称预核和设立登记合并审批，将工商部门的食品流通许可证和营业执照的登记合并审批，并全面推行"一审一核"制，从制度设计的层面实现了"链条最短、环节最小、时限最短"。

大朗镇还创新了窗口服务流程，使工商分局"资源优先向窗口倾斜"，"以群众为主"，从咨询领表、排队等候、受理审批、发放执照等各个环节进行综合考虑，全面推行"5115"服务承诺，即排队取号不超过 5 分钟，等候不超过 1 小时，执照一般在 1 个工作日内发出，最长不超过 5 个工作日，提高群众办事获得感。

在注册方式方面，大朗镇推行全程电子化网上登记年检改革，实现从"面对面"到"键对键"服务的转变，这成为大朗商改试点中的亮丽一笔。

为加强企业"宽进"后的"严管"工作，大朗镇及时制定了《大朗镇商事登记制度改革试点市场监管实施细则》。一方面明确了政府改革后的职能分属，推行政府部门权责清单制度，镇纪检监察办通过行政效能电子监察系统对全镇各部门履行许可审批承诺时限进行监察，加强对镇各部门落实后续监管职责的监督，对监管不力或管理不到位的严格追究责任。同时改以往的"巡查"为"双随机抽查"执法监管机制："随机确定检查对象"给企业头上悬了一把"达摩克利斯之剑"，使经营者不敢心存侥幸、冒险违规；通过"随机确定检查人员"，给执法人员套上"金箍"，保障市场监管公平公正。

另一方面，改进监管体制和引进新维度的惩罚机制，其中最为重要的就是建立企业信用管理体制。大朗镇信息办还同东莞市电子政务办共同开发了大朗镇企业信息交换系统，实现企业信息实时共享、企业信息互动反馈、统一平台管理服务、分权管理保障安全和政府企业网上互动，为加强企业后续监管提供了强有力的平台保障。同时，大朗镇积极探索建立企业登记注册公示制度，完善企业信用记录信息，供公众查询，推进诚信体系建设。

从 2012 年 5 月正式启动到 2012 年 8 月，东莞商事制度改革的成效初步显现，大朗工商分局的审批效率明显提升，市场活力被充分激发，"宽进严管"使生产形势平稳向好，企业注册的时间和资金成本逐步下降，群众满意度大幅提高，基本达到了阶段预期目标。改革的成效也备受省主要领导及相关部门的关注和肯定，省委汪洋书记亲临大朗视察指导工作，认为"大朗商事登记改革开了一个好头，迈开了第一步"，并在省府办报送的有关东莞商事登记试点改革情况的汇报上批示："已去看过，效果很好，但还需巩固完善。"广东省及省内其他市也派来考察团先后到东莞调研。

2012 年 8 月以来，东莞市的商事登记制度改革工作得到了国家工商总局的大力支持，国家工商总局制定并下发了《关于支持广东加快转型升级建设幸福广东的意见》。至 2012 年 11 月，总局先后批复同意广东省在深圳、珠海、东莞和佛山顺德区等地展开商事登记制度改革试点工作。从新登记市场主体数量来看，东莞和其他 3 个试点地区深圳、珠海、顺德的增长幅度远高于广东其他地区，商事登记改革正催生活力四射的发展新景象。①

为了配合信息化管理、提升监管和行政效率，各地政府纷纷引进电子化手段，如提供营业执照二维码识别、工商线上预订服务等服务，民众可以通过 APP 和微信公众号等渠道办理工商手续。例如东莞推行的"智网工程"，通过网上平台，向线下 9000 多名的"智网工程"系统网格员分配商改后续监管巡检任务，当企业办理登记等业务后，在

---

① 《东莞：商事登记改革活力四溢》，《人民日报》2013 年 10 月 16 日头版。

一小时内，该信息会被推送到所属地村或者社区，并由社区调度员分派给具体网格员。网格员要在 10 个工作日内进行实地首检，并将实地违法情况录入系统，并派发书面告知书。对比改革前的审核机制，东莞市的"智网工程"减少了审核的时间，提高了执法效率。[①]

值得注意的是，广东商事登记制度采用了分类试验的方法，即在作为特区的深圳和珠海和作为非特区试点的顺德和东莞有不完全相同的改革路径。由于特区有立法权而非特区没有，因此深圳和珠海能够通过立法的途径重构现行的商事制度，而东莞和顺德则偏向于在已有的体制框架下进行具体措施上的改革。这种改革思路符合广东省多层次发展现状的局面，无论是特区模式还是非特区模式都取得了成功。2013 年广东省工商局对两种模式的评估结果显示，社会对改革的满意率为 98%。[②]

2013 年，现任国家市场监督管理总局副局长，时任国家工商总局副局长马正其到东莞调研商事制度改革，认为"东莞改革工作思路清晰，定位准确，勇于创新，各项改革契合实际，特色鲜明，成效显著，为全省乃至全国探索了有益经验"。

随着改革在四个试点城市取得成功，2013 年商事制度改革正式向珠三角地区推广，并在 2014 年正式在全省铺开运行。广东的商事制度改革也不断为全国提供样本经验，如新《公司法》和国务院《注册资本登记制度改革方案》直接吸纳了东莞"零首付"开公司的做法，并进一步将注册资本实缴制改为认缴登记制。

市场主体数量的大幅度增长，无疑是对商事制度改革最大的肯定。截至 2018 年 1 月，深圳平均每月新增 3.8 万户市场主体，与改革前月均 1 万户相比增长幅度接近 300%。据东莞市工商局统计，2017 年东莞新登记市场主体同比增长率达 28.3%。而佛山全市在 2017 年 1 月到 11 月间，新登记市场主体同比增长 42.4%，改革后平均每天新登记市

---

① 《南粤年度观察之商改添活力》，《广州日报》2018 年 1 月 8 日第 3 版。
② 周晓平：《广东商事登记制度改革实践及借鉴》，《岭南学刊》2015 年第 3 期。

场主体比改革前增加了103%。商改5年，广东省每千人拥有企业数从2011年的13户增加到2017年的36户，其中珠三角每千人拥有企业61户，而发达国家为50户左右。

商事制度改革也遇到了不少困难，虽然之前有相关的经验和积累，但是商事制度改革无论从法律上还是行政层面上都是一次新的尝试，尤其是电子营业执照、电子化登记等创新手段，虽然极大地提高了登记、审批等效率，但是也由于相关法律和政策的空白，存在对电子签名等的法律效力的质疑。另外，与大部制改革相同的是，对于机制的调整必然也会遇到部门权责和利益的梳理问题。由于改革简化了流程和降低了门槛，使得社会投资热情得到激发，商事登记业务量超过了工作人员的处理速度，反而导致广州等地的部分登记注册大厅出现了等待时间长的情况。而作为行政方式创新的关键——信息化平台的搭建尚未完成，部门间的整合和交流仍有阻滞，并且信息系统没有形成统一的标准，各市信息系统建设进度不一。更为困难的是，商事制度改革作为对政府自身的改革，实质在于切断形成政府利益的某些渠道，很容易遇到地方政府的抵触。[①]

作为政府职能转变的两大方向，大部制改革和商事制度改革都着眼于精简政府架构和职能，放权于社会，将计划性政府变为服务型政府。大部制改革重心在于通过政府组织架构之间的整合和优化来提高政府行政效率，商事制度改革则更为关注于具体的商事审核等事项，通过减少冗余的事项、改进行政管理和执行手段来提高政府办事效率。两者都能为企业松绑，激发市场活力，并得到了国家的认可和推广，成为近年来我国政府机构改革的重要方向。

---

① 李娟：《广东推进市场监管现代化的实践与创新——以商事制度改革为视角》，《法治社会》2017年第2期。

第十六章

中央的认可

第一节　广东经济回来了

　　无论从什么角度来看，广东的第二次蜕变的效果都是显著的。在一段时间的迷茫后，广东再一次找到了发展的驱动力，在数年的积累后，止住了下坠的势头，顽强地捍卫住共和国经济龙头的地位的同时，GDP 占比又一次开始攀升，如图 16—1 所示。

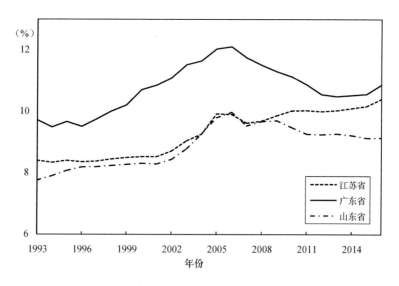

图16—1　1993—2014 年广东、江苏和山东 GDP 占全国 GDP 百分比重
资料来源：中国国家统计局。

　　创新驱动发展。在经济发展的关键因素——技术方面，广东的投入与产出都非常可观。在我国实施创新驱动发展战略的大背景下，发明专利的量质齐升对于经济持续稳健增长有着重要意义。近20年来，广东的专利申请量与授权量占比始终保持着12%以上，并在近10年呈稳定上升趋势（见图16—2）。专利授权的比重也在波折后，平稳上升（见图16—3）。

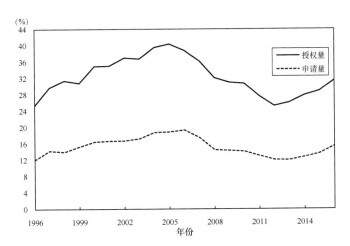

图16—2　1996—2014年广东专利申请量与授权量占全国比重

资料来源：中国国家统计局。

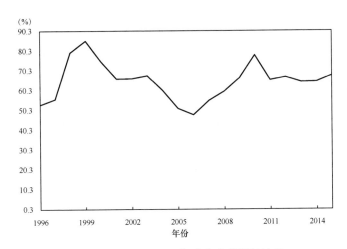

图16—3　1996—2014年广东专利授权比重

资料来源：中国国家统计局。

内需驱动发展。在出口贸易方面，近几年广东的出口占比由 20
世纪 90 年代的 40％ 左右下降到 29％，表明广东对出口贸易的依赖
程度越来越小，不再是一味的外向型经济，而更多注重拉动内需
（见图16—4）。

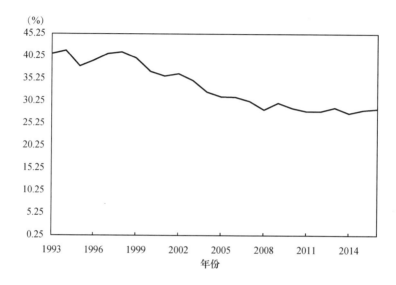

图 16—4　1993—2014 年广东出口占全国比重

数据来源：中国国家统计局。

第二节　新明星企业的诞生

在市场化的大潮中，广东的民营经济，虽然饱经风霜，在争议中
坎坷前行，但终究还是成为经济的中流砥柱。就产业而言，广东在众
多完全竞争行业中都取得了优势，在传统行业上，快消行业、家电行
业、家具行业和日化行业都是市场的领导者；新兴的 IT 行业也是业界
的先行者。

传统行业以家电行业最为瞩目，改革开放的春风吹到广东伊始，
家电行业就是那先行的先行者，在市场的考验下，一批又一批的家电
行业巨头，如大浪淘沙般，起起落落，最终成为行业的主宰。家电行

业的双雄——格力和美的，在一波又一波的时代冲击下，屹立不倒同时不断扩大，从国内市场的崭露头角，到出兵海外市场的野心勃勃；最终挤入全球市场的十强，美的位列第三，格力位列第五，与高居榜首的海尔一同在全球市场上亮起了中国队的旗帜。广东籍的格兰仕、TCL 和创维也占有着市场不小的份额，并在某些细分领域有着绝对的优势，如创维在电视行业中的行业龙头地位。

IT 行业的华为、腾讯和中兴都是起于阡陌，而最终取得斐绩的企业。腾讯上文已有介绍，不再赘述。华为从两万元到千亿元的发家神话是深圳奇迹的璀璨的亮点。从代理售卖程控交换机开始，华为就开始以技术为先的"技工贸"策略，孤注一掷地投研自有技术，研制出功能相似，价格却仅仅是外国竞品的 1/3 的国产交换机。并从这一次成果出发，逐渐以各类巧妙的策略和物美价廉的产品成为行业的巨头。

这种广东籍企业凭借策略和技术取得领导力地位的情况并不罕见，并且也是有深层次的原因。从 21 世纪之初，深圳对科研的经费投入就已经远超其他市，不仅是数额上的巨大，且在比重上，也远远大于其他市。而这种高投入也就带来了之后的高回报，除却企业在市场竞争中所取得的佳绩，更加直接的表现，是高交会的诞生。

1999 年，国家决定在深圳举办一年一次的"中国国际高新技术成果交易会"。这是在高新技术领域内规格最高、规模最大的国家级交易盛会。高交会之所以选址深圳，是因为深圳已经具有环境、人才、信息、地理位置等多方面发展高新技术产业的优势。

专家从 15000 多个报名参展项目中评选了 4100 多个科技项目，绝大部分都处于国内先进水平，一些项目达到了国际先进水平。境内外的 86 个展团的数千项成果纷纷亮相，高科技气息扑面而来。组委会还专设了投资展区，目的是加快科技成果研发速度，让科研成果能尽快转换为商品，成为高交会期间的热点。

深圳也因为主办高交会成为最大受益者。国内外的著名高校、研发机构、跨国公司、众多的金融机构纷纷看中深圳，例如高交会开馆当天就有 8 家境外投资机构与深圳高科技风险投资机构签下了总额为 3.9 亿元的一揽子合同。第二天，就有深圳北大生物谷奠基仪式、深圳清华大学研究院落成庆典、朗讯公司（深圳）研发中心剪彩仪式同时举行。深圳市工商局还现场办公，为 11 家首批在高交会上签约的高新技术项目注册登记。深圳市的成果转让、资金和项目引进更是高潮迭起。深圳如此受青睐，是因为这个年轻的经济特区在当时已经在高新技术产业领域具备了与之对话和交流的条件。到 1998 年深圳高新技术产品产值为 655.18 亿元人民币，占工业总产值的 35.44%，居全国内地城市之首，接近发达国家和地区的水平。深圳的高新技术产业连续八年以年均超过 50% 的速度增长，形成了电子信息、生物技术、新材料、机电一体化、激光五大产业群体。深圳成为世界上最大的计算机装配生产基地、亚洲最大的电子信息产业配套基地，深圳生产的程控交换机、激光打印机、计算机硬盘、生物乙肝疫苗等高科技产品产销量均为全国第一。

第三节　泛珠高铁网

泛珠区域纵横交错的高铁，是中国高铁时代中的一张闪亮的名片。其中，已经建成通车的武广高铁、厦深高铁、贵广高铁、南广高铁、沪昆高铁，以及建设中的广深港高铁、赣深高铁、包海高铁和规划中的广清永（湖南）高铁，将沿线地区之间时空距离极速拉近，形成了以珠三角为中心、辐射范围覆盖整个泛珠三角区域的高铁网络。

贵广高速铁路，又称贵广高铁、贵广客运专线，是一条双线电气化客运专线，经过贵州、广西和广东，全长 857 公里，设计时速 300 公里，运营时速 250 公里。贵广高铁自贵阳北站，经黔南州、黔东南州、桂林、贺州、广东肇庆、佛山终至广州南站。

贵广高铁是中国穿越喀斯特地貌最长的高铁，是八横八纵中兰广高铁的重要组成部分，是西南地区最便捷的出海大通道，是连接"一带一路"和实现珠江—西江经济带、中孟缅印经济走廊"互联互通"

的高速通道，大大缩短了西南地区与珠三角地区间的时空距离。

贵广高铁工程投资 900 多亿元，于 2008 年 10 月 13 日开工建设，2014 年 12 月 20 日全线验收，2014 年 12 月 26 日正式通车运行，贵阳至广州的列车运行时间由 20 个小时缩至 5 个小时左右（部分车次已经实现 4 小时）。贵广高铁线路走向非常直，甚至比贵阳到广州的飞机航线里程还要短 15 公里。截至 2017 年底，贵广高铁仍是中国性价比最高的高速铁路。渝贵铁路及在建的成贵高铁通车后，贵广高铁将成为沟通西南川渝黔三省份和珠三角经济区最重要的纽带。

与通车同时签订的《广东省、广西壮族自治区、贵州省人民政府关于建设贵广高铁经济带合作框架协议》，从实现综合交通网，旅游合作，经贸合作，能源合作，产业合作，对口帮扶合作，生态环保合作，社会治理合作为内容，到高层会晤，联席会议，部门及地方合作三种合作机制，保证了以高铁为纽带的经济带建设合作。

贵州从古代到今天，都是远离经济文化中心的欠发达地区。从西部大开发战略提出以来，贵州的发展速度迅猛，自 2010 年以来连续七年 GDP 增速居全国前三。这与其建设各类交通网络密不可分。

一直以来，贵州受限于本身的自然环境限制，众多山脉的此起彼伏让交通情况不容乐观，就连贵州的省会城市贵阳，也是一座山城。重重的山峰既是贵州壮丽山河的组成，却又是阻碍贵州进一步发展的屏障。

随着 21 世纪的到来，西部大开发的战略实践，大量新技术的涌入，使穿山越岭地建设公路网、铁路网成为可能。由广东主导的泛珠三角区域合作，则成为一个极为重要的契机，从泛珠合作提出开始，贵州省政府便积极参与进泛珠框架的构建中。在修建贵广高铁的筹资上，贵州省政府更是自筹一半的资金投入高铁建设中。这一切，在之后被验证是极其明智的。

于 2014 年末通车的贵广高铁，是整个西南地区第一条时速 250 公里的高铁，它的到来，将原本需要从其他省份绕行，耗费 20 余个小时的贵广线缩减为近乎直线，而时长也减少到了 5 个小时。作为贵广高铁的始发站的贵阳，也顺势成为整个西南的交通枢纽，在渝贵高铁通车后，则更加强化了其地位。西南地区的大部分高铁都需要经停或是始发贵阳，这对其经济发展的带动作用是不可估量的。贵广高铁所带来的交流成本、贸易成本急剧下降，更为贵阳乃至贵州的发展添上了巨大的动力。

贵广高铁沿线经济带的建设，是泛珠合作的具现化，无论是始发站贵阳，还是经停站桂林，以及两者所在省份的各个经停站，都因贵广高铁的出现而吸引了大批的旅游客流，在低廉的票价与快捷的速度的组合拳下，沿线地区原本因交通不便而被明珠暗投的各类景点纷纷绽放出新的光芒。各类旅游产业，和与其伴生的服务业、餐饮业迎来了井喷式发展。

以贵阳为例，环绕贵阳所建设的西南环线，环城高速，以贵阳北高铁站为中心，打造了一个两小时的旅游环线圈，旅客由贵广高铁到达贵阳后，可以以极快的速度到达省内的任一景点。游客所带来的收益又进一步推动当地基础设施建设与交通网的进一步铺设，实现了可持续发展的正循环。贵州的经济发展也由此保持了极高的增速。

在工业布局上，贵州因贵广高铁所带来的货运成本降低和实际里程减少，结合后发者优势，在贵广高铁沿线合理布局地建设各类工业产业，由高铁所带动的工业发展速度较之前大幅提升。

泛珠三角的合作带动欠发达地区发展的目的，在贵广高铁这一项目上，获得极大成功。从修建中的160余亿元投资带动沿线经济发展，到通车中促进沿线旅游业，工业的发展，再到使用中为沿线民众提供了一条快速、便捷、廉价的沟通交流渠道。贵广高铁的成功是对泛珠三角，乃至泛珠综合交通网理念的成功实践。随着南广高铁、沪昆高铁、广深港高铁、赣深高铁、湛海高铁及广清永高铁的建设和通车，泛珠综合交通网也逐渐从"井中月"变为"眼前人"，这将是泛珠地区进一步合作、发展的一大里程碑。

第四节　中央的认同推广

2015 年 10 月 8 日，国庆假期刚刚结束，一支不同寻常的考察团空降广东，它的领头人是时任中财办主任刘鹤，南下的目的是显而易见的，在 GDP 增速首次跌下 7 字头，宏观经济下行的关键时期，再次盘活经济成为第一要务。

在广东考察的 8 日到 10 日内，刘鹤一行深入佛山、东莞两地，了解当地企业发展情况，并最终肯定了广东在结构转型升级方面创造的经验值得高度重视，发挥市场在配置资源的决定性作用方面的做法值得推广。

这种做法主要是两方面的，一方面是对供给端做数量上的减法，广东大力推进以市场为主导的改革，对供给侧结构的调整予以重视，加快将各类已经脱节于时代的僵尸企业淘汰，化解低端产能；另一方面是对供给端做质量上的加法，对广东实施创新驱动发展战略，以深化改革增强发展动力，重视发展实体经济，调结构、稳增长，坚持打牢微观经济基础等做法给予充分肯定。

这种肯定表达了中央对广东"腾笼换鸟"战略的认可，而这种认可的更具体表现是将广东的模式如改革开放的模式一样，进行全国性的推广。

2015 年 11 月 10 日，由习近平总书记所提出的供给侧结构性改革，成为之后国家层面上的对产业进行的系统性的调整。供给侧结构性改革随后成为国家"十三五"规划中的重要组成部分，全国层次的供给端调整工作，自此拉开了序幕。

从 21 世纪初就开始逐步实施的"腾笼换鸟"，又一次让广东走在了全国的前列。广东人民再次用自身的探索经验为全国政策的制定提供了帮助，这种先行探索与改革开放时在广东实行的一系列先行性探索的性质是一致的，即将改革的范围首先控制在一个政府可控的范围内，以保证这种改革的成败与否不会大面积影响全国经济的运行。

这种先行探索的意义也是一致的，一方面，广东的先行为国家层面评判产业转移的成效、损益和执行难度提供了现实范本，这种范本不一定能成为全国执行的一般性范式，但很大程度为产业转移的国家层面政策制定提供了经验，这种经验也在具体执行环节被有效地借鉴，以山东为例，在供给侧结构性改革进行中，就多次派政府官员到广东学习产业转移政策的制定、实施和可能遇到的问题的可行解决方案。另一方面，先行带来的先发优势也使广东的经济发展找到了新的增长点，珠三角的经济速度开始增长，又一次拉开了与长三角的距离。

2017 年 4 月 4 日，习近平总书记对广东工作做出了重要批示，充分肯定党的十八大以来广东各项工作，希望广东坚持党的领导、坚持中国特色社会主义、坚持新发展理念、坚持改革开放，为全国推进供给侧结构性改革、实施创新驱动发展战略、构建开放型经济新体制提供支撑，努力在全面建成小康社会、加快建设社会主义现代化新征程上走在前列。[①]

"432 批示"，则是指批示中所含的"四个坚持，三个支撑，两个走在前列"：四个坚持是"广东坚持党的领导、坚持中国特色社会主义、坚持新发展理念、坚持改革开放"；三个支撑是"为全国推进供给侧结构性改革、实施创新驱动发展战略、构建开放型经济新体制提供支撑"；两个走在前列是在全面建成小康社会、加快建设社会主义现代化新征程上走在前列。

2018 年 3 月 7 日，两会期间，习近平总书记来到广东代表团参加评议，并提出了广东要在四个方面走在全国前列：

在构建推动经济高质量发展的体制机制上走在全国前列；

在建设现代化经济体系上走在全国前列；

在形成全面开放新格局上走在全国前列；

在营造共建共治共享社会治理格局上走在全国前列。

---

① 参考了 2017 年 4 月 12 日《南方日报》第 A01 版的《习近平总书记对广东工作作出重要批示》。

"432 的批示"和"四个走在前列",既是中央对广东全面深化改革的认可,又为广东的改革发展指明了方向。这再一次表明了中央对广东的改革创新工作的认可,肯定了广东作为改革开放先行区域,在经济发展工作上的成就。广东在新的历史时期,面临新的挑战时,抓住机遇,勇于探索,在新时代高质量发展竞赛中继续拔得头筹,在社会主义新征程上,广东正在努力昂首阔步,走在全国前列。

第十七章

地方改革的逻辑与实践

中国 40 年来的伟大改革事业总是始于某些先行一步的地方改革。正是如此，地方改革成为一个不可或缺的理解国家改革的视角。在本书中，地方改革的定义是，地方官员主动采取不同于中央的新政策，以期获得更好的绩效。地方改革是对中央政策的突破，是创造性破坏的过程，需要地方官员具有很高的智慧和担当。地方改革的逻辑是指，地方改革的动机、过程和作用。确切地说，地方官员为什么愿意进行地方改革，中央官员为什么不反对地方改革？地方改革的典型过程是什么？对国家改革有什么作用？

不失一般性，本书第一章构建了一个由上下级构成的简单经济体。经济体里有一个上级和多个边界清晰的下级政府，其中，一个上级下辖这些边界清晰的下级政府。具体而言，上级直接任命下级官员，制定经济体的政策；下级对上级负责，执行上级的政策；上级关注下级执行政策的过程，更关注下级执行政策的绩效。因此，在这个买方垄断的经济体里，下级为上级所需求的政策绩效而竞争。地方改革具体化为，下级官员主动采取不同于上级的新政策，以期获得更好的绩效。

地方改革是上级默许下的"被逼"改革。在这个简单经济体里，地方改革的必要条件显然是上级的默许、同意与支持。毕竟，上级有终止地方改革的权力与能力。由于下级官员为绩效而竞争，执行上级政策并取得良好绩效的下级地方官员没有任何动机进行地方改革，只有当执行上级统一政策无法解决辖区所面临的问题时，有担当的下级官员才会"被逼"进行地方改革。

一个成功的、典型的地方改革呈现三个阶段。第一个阶段是先行一步阶段。在这个阶段，各地执行统一的上级政策，政策绩效存在差异。其中，某个相对落后的地方，或出现了较大危机的地方，出现一位具有改革胆识的官员，选择了能够带来预期绩效足够大的新政策，先行一步。第二个阶段是上级认可阶段，上级实地视察先行一步地方的改革绩效，定性、纠偏、推广先行一步地区的政策创新。第三个阶段是下级同步阶段，上级将先行一步地区的政策创新后，各个地方的政策再次同步，先行一步地区的政策优势消失，整个经济体进入地方改革的新初始阶段。显然，地方改革的这三个阶段构成了一个闭环；如果其反复出现，则构成了地方改革周期。

周期性地方改革就是经济体的空间渐进改革。从上级的视角看，地方改革只是整个经济体改革的先行阶段，损失的是上级统一政策的权威；收获的是风险可控的政策创新。因此，上级权衡地方改革的得失，掌控地方改革的节奏。

本书第一章至第十六章，详细考察了广东1978—2018年间的改革历程。本章则尽可能完美地把地方改革的逻辑与广东改革的实践结合起来。

第一节　广东改革的逻辑

广东在1978—2018年间的改革，与地方改革逻辑的预期是吻合的。在这40年间，广东改革大致可以分为三个周期性的地方改革：1978—2001年间的市场经济改革；2002—2018年间的深化市场经济改革；2012—2018年间的深化行政审批改革。在本书中，广东深化市场改革是指，从市场范围和市场高度两个维度上拓展广东的市场经济；广东深化行政审批改革是指，从政府服务企业与政府机构两个维度上推进政府自身改革，转变政府职能，提升地方政府的执行能力与执政体系建设。当然，深化市场经济改革和深化行政审批改革，都是广东全面深化改革的重要组成部分。

广东在1978—2001年间的市场经济改革呈现出三个典型的阶段：先行一步、上级认可、全国同步。广东先行一步是上级默许下的"被逼"改革。新中国成立后，广东既是国防战备前沿，又是中国与资本主义世界打交道的"窗口"，作用独特而重要。广东执行全国统一的经济政策，不停地搞各种各样的社会主义运动，越搞越穷。在1978年前，"广东人仰望香港，心中充满苦楚。那些香港人不但比自己富有，而且社会地位亦高。广东人很难相信，香港的成功是有赖于勤劳和美德"。在边界封锁的情况下，偷渡外逃成了迫不得已的选择。这是广东人民冒着生命危险用脚投下的庄严的否定票，根本原因是粤港两地的经济发展水平差距太大。虽然中央和广东一直保持着高压状态，严防死守，但是偷渡之风愈演愈烈，地方堵不胜堵，部队防不胜防。1977年，邓小平坦言，"这是我们的政策有问题"，紧接着又说，"这件事不是部队能够管得了的！"

1978年春，中央书记处书记、国务院副总理谷牧委派赴港澳经济贸易考察组，考察组提交《港澳经济考察报告》，建议可借鉴港澳的经验，把靠近港澳的广东宝安、珠海划为出口基地。中共中央、国务院同意，并要求"说干就干，把它办起来"。1978年12月，十一届三中全会召开，党的工作重心转移到经济建设上来。会后，全国各地传达全会精神，广东省派吴南生等前往汕头传达。吴南生接受并报省委汕头创办出口加工区的设想，习仲勋一锤定音：深圳、珠海、汕头都搞，整个广东一起搞。1979年4月，习仲勋在北京召开的工作会议上提出，希望中央给点权，不要管得那么死，放手让广东先把经济搞上去。邓小平同意广东先行一步，当听说贸易合作区的名称还悬而未决时说，"还是叫特区好，陕甘宁开始就叫特区嘛"。至此，1979年，那是一个春天，有一位老人在中国的南海边画了一个圈，中国走进万象更新的春天。

广东先行一步改革。1980年3月24日，中央决定把"出口特区"定名为"经济特区"，并指示广东应先集中力量把深圳特区建设好。

创建经济特区始于基建，基建率先市场化。完成城市"四通一平"后，开始招商引资，碰到的问题是，外资企业有经营期限，不适用"铁饭碗"制度，怎么招工人？怎么发工资？于是便制定了合同工制度和社会保险制度。就这样，广东的经济体制改革就是从引进外资最需要的地方开始，然后按照和国际市场接轨的方向逐步深入，经历了一个从生产要素市场改革到产品市场改革的发展过程。产品市场改革也是逐步推进，经历了放开鱼价、菜价、粮价的过程。随着先行一步改革措施的实施，广东经济快速工业化、国际化，经济总量自 1990 年起全国第一。曾经的大逃港发源地，如今成了民工潮的流入地。也是自 1990 年起，"民工潮""春运"成为珠三角乃至全国的热点问题。这是人民群众用脚对广东敢为人先的伟大改革创新投下的庄严的赞成票。

小平两次南巡。广东的改革创新一直伴随着争议，特别是改革姓资还是姓社的争论。1984 年 1 月 22 日，小平同志坐上南下的火车，前往深圳、珠海、厦门等经济特区以及上海进行实地考察。每到一地，小平同志总要讲一句话，"办特区是我倡议的，中央决定的，办得怎么样，能否成功，我要亲自看一看"。29 日，邓小平为珠海题词"珠海经济特区好"。2 月 1 日，邓小平为深圳题词"深圳的发展和经验证明，我们建立经济特区的政策是正确的"，在书写日期的时候，小平同志手中的笔没有丝毫停留，顺畅地写上了"一九八四年一月二十六日"。1 月 26 日是小平同志从蛇口坐上军舰前往珠海考察的时间。这次视察没有给"姓资姓社"问题下一个定论，但是邓小平对特区的定性，给有关特区的争论基本画上了句号。

1992 年，又是一个春天，有一位老人在中国的南海边写下诗篇。时隔 8 年，1992 年 1 月 19 日，邓小平第二次站在了南粤大地上，以 88 岁高龄发表南方谈话，反复强调中国的改革就是要搞市场经济，基本路线要管一百年。不坚持社会主义，不改革开放，不发展经济，不改善人民生活，只能是死路一条。小平同志说："8 年过去了，这次发现深圳特区和其他一些地方发展得这么快。这是我没有想到的，看过以后信心增加了。"当谈到创办经济特区问题时，他说，"对办特区，从一开始就有不同意见，担心是不是搞资本主义。深圳的建设成就，明确回答了那些有这样那样担心的人，特区姓社不姓资"。

全国同步改革。南方谈话震撼了中国大地。以此为契机，1992年5月中共中央制定了《关于加快改革、扩大开放，力争经济更快更好地上一个新台阶的意见》，把改革开放推向全国，一个全方位大开放的战略格局初步形成。1992年10月，党的十四大在北京召开，第一次明确"我国经济体制改革的目标，是建立社会主义市场经济体制"，十四届三中全会通过的《中共中央关于建立社会主义市场经济体制若干问题的决定》进一步明确全国市场经济改革的目标和路径，规划社会主义市场经济的初步轮廓。中国改革以市场经济为取向，等于把经济特区最"特"的一点推广到全国，全国社会主义市场经济体制改革从此一盘棋。

2001年，是一个特殊的年份。经过长达十五年的准备、谈判和博弈，在2001年11月10日，中国正式加入世贸组织。这一次，世界得到了中国。在过去的20多年间，虽然中国一直处于改革开放的状态，却游离于多边贸易化体系与全球市场经济之外。对于中国而言，中国亦得到了世界。加入世贸组织无疑是中国改革开放进程中的重要一环，倒逼中国整体进行改革，而不仅是某个地区的局部改革，使中国更好地融入国际经济中。这是一个前所未有的时代，中国正式成为世界的一部分，变成了世界工场。

至此，广东市场经济改革历史性地、完整地走完了地方改革的三个阶段，历时22年，成功地杀出一条血路。站在新的历史起点上，放眼望去，广东面临着或变得平庸或开启新一轮地方改革的选择。

2002年以来，广东选择了深化市场经济改革。其实，广东这次也是"被逼"改革。进入21世纪前后，国家的发展战略转变了，从东部沿海优先发展战略，转向"西部大开发""中部崛起"和"振兴东北老工业基地"。与此同时，在东部沿海内部，长三角和天津滨海新区势头正盛。在全国经济发展版图上，广东似乎阶段性完成了地方改革的历史任务，逐步走向"明日黄花"。唱衰的高潮是来自群众的呐喊。2002 年 11 月 16 日，一位名为"我为伊狂"的网友在新华网"发展论坛"和人民网"强国论坛"两个平台上抛出一个重磅的长达 1.8 万字的帖子《深圳，你被谁抛弃？》。这个帖子用犀利的文字直指曾盛极一时的深圳特区，充沛的感情中透露出忧伤，极具煽动性，将很多深圳人不便言明的"潜话题"挑明了，发出了深圳面临衰落的盛世危言：深圳，被抛弃了。《南方都市报》顺势推出了独家专题报道《深圳，你被抛弃了吗》，① 引发了一场关于深圳未来的大讨论。深圳的命运和未来引起了前所未有的关注，更得到了深圳市领导的重视。时任深圳市长于幼军在深圳市委三届六次全体（扩大）会议上正面回应，谁也抛弃不了深圳！

借此，广东进行全面的审视和反思，并从市场范围和市场高度两个维度上拓展广东的市场经济，用实际行动改变全国同步改革的现状，努力再次先行一步。200 多年前，亚当·斯密在《国富论》中写道："分工起因于交换能力，分工的程度，因此总要受交换能力大小的限制，换言之，要受市场广狭的限制。"既然市场范围的大小决定了分工程度和劳动生产率，广东深化市场经济的第一步就迈向了拓展广东的市场范围。在 2003 年 6 月 CEPA 签订后不久，时任广东省委书记张德江公开提出了"泛珠三角经济区"的构想，回应国家所要求的统筹区域发展。随后，广东、广西、福建、江西、海南、湖南、四川、云南、贵州 9 个省、自治区的计委主任就在广州召开联谊会，表达利用CEPA 签订机遇，加强九省经济联系和合作，促进九省经济的共同发展的设想。创建"泛珠"大大开拓了广东的发展腹地，在理论上，无疑有利于广东的持续发展；从现实看，广东经济总量尽管依然全国第一，不过，占全国经济比重自 2005—2006 年后呈现出下降趋势，"泛珠"没有上升为国家发展战略。因此，广东创建"泛珠"的改革，止

---

① 在 2003 年，《南方都市报》推出了三大报道：《深圳，你被抛弃了吗》《非典报道》和《被收容者孙志刚之死》，完成了从草根向主流大报的转型，2018 年 9 月 18 日（http://epaper. oeeee. com/epaper/A/html/2016－12/29/content_ 110496. htm）。

步于中央认可阶段，没有走完地方改革的三阶段，广东需要创新发展新思路。

"双转移"成了新选择。2007 年广东省委书记汪洋到任后，立即展开对广东的调研。"解放思想"成了汪洋带领广东展开新一轮改革的先决条件。2008 年，广东省出台《中共广东省委、广东省人民政府关于推进产业转移和劳动力转移的决定》，宣布在未来五年内投入 500 亿元用于实行"双转移"战略，"双转移"战略正式启动。"双转移"是指产业和劳动力的转移，即将珠三角的劳动密集型产业向欠发达地区转移，腾出空间以吸引高端产业进驻，同时将欠发达地区劳动力向当地二、三产业和"珠三角"转移。因此，"双转移"旨在做强广东经济的核心——"珠三角"，促进广东经济迈向中高端，提升广东市场经济的高度。

从广东的"双转移"到全国的供给侧结构性改革。广东实施"双转移"改革，尽管存在不同的声音，但是逐步取得显著的成绩。广东经济总量不但依然全国第一，而且占全国比重自 2012/2013 年开始触底反弹，呈现出明显的上升趋势。另一个更加显著的变化是，深圳成长为一个创新城市，并在珠三角地区产生连锁反应。在深圳，市场创新所形成的新产能，"创造性毁灭"原有旧产能，比如华为等企业把部分业务搬离深圳，从而深圳的产业不断迈向高端；深圳的"旧产能"受到周边地级市，比如东莞、惠州、汕尾、河源、中山等热烈欢迎，甚至共建深汕特别合作区。这意味着，深圳的"旧产能"取代其他地区"更旧的"产能，依然有出路，呈现出市场创新驱动区域协调发展的态势，促进珠三角的产业迈向中高端。2015 年 10 月 8—10 日，时任中央财办主任刘鹤同志来广东调研，强调"广东在结构转型升级方面创造的经验值得高度重视，在发挥市场在配置资源的决定性作用方面的做法值得推广"，并把广东的"双转移"概括为"供给侧调整"。2015 年 11 月 10 日，习近平主持召开中央财经领导小组第十一次会议，首次提出供给侧结构性改革。2015 年 12 月 18 日，中央经济工作会议召开，明确提出 2016 年全国实施供给侧结构性改革，并强调供给侧结构性改革是全国"十三五"期间的主线。2017年4月4日，习近平批示，广东要为全国的供给侧结构性改革提供支撑。

至此，广东深化市场经济改革走过了地方改革的两个阶段：先行一步和上级认同。这一轮的深化市场经济改革，广东走的实属不易，回首望，16年已过。

同期，广东还进行了行政审批改革。随着市场经济发展，政府本身越来越清晰地成为改革的对象。广东先后试点了大部制改革和商事制度改革，不妨以商事制度改革为例展开。广东的商事制度改革也是"被逼"的。2012年3月28日，《南方日报》刊发了《一家外企注册一年未成功》，报道外资企业"茗莎公司"（化名）从2011年5月开始，使尽了"磨材料、磨嘴皮、磨脚皮"的招数，换来的却是"入门难、沟通难、审批难"，1年时间过去后，公司的营业执照依然没有着落。时任广东省委书记汪洋批示要商改迈出实质性步伐。茗莎公司拟落户的地点是东莞市大朗镇。这给东莞市委、市政府很大的压力，它们意识到东莞市的市场准入体制已经不适应当地的经济社会发展水平，亟须改革。于是根据汪洋书记批示精神，东莞市迅速启动了企业登记注册行政审批改革试点工作，主动向省政府请缨，将东莞作为广东省商事登记制度改革的试点城市。① 4月5日，东莞市将大朗镇确定为全市商事登记制度改革试点镇。5月12日，东莞市政府草拟《东莞市商事登记制度改革试点工作实施方案》，彻底取消前置审批，实施先照后证；注册资金实行认缴制；取消经营场所产权证明等彻底打开市场准入大门。6月20日，汪洋来大朗视察，听取汇报后说，"介绍得很好，但讲得好是因为做得好，做得好是因为改革好"。12月3日，东莞市商事登记制度改革在大朗试点基础上，正式在东莞市实施。2013年2月26日，十八届二中全会召开，提出"改革工商登记制度"；11月9日，十八届三中全会召开，提出"推进工商注册制度便利化，削减资质认定项目，由先证后照改为先照后证，把注册资本实缴登记制

---

① 全省一共四个试点城市，另外三个分别是深圳、珠海和顺德。

逐步改为认缴登记制"。2014 年 3 月 1 日起全国统一实施。

至此，广东商事登记制度改革顺利地、完整地走完了地方改革的三个阶段，历时不到 2 年。随后，全国每年都推出标志性的商事制度改革措施，商事登记制度改革纵深拓展。

与广东市场经济改革相比，广东商事制度改革一个显著特点是，快。广东市场经济改革历时 22 年走完了地方改革的三个阶段，深化市场改革历时 16 年才走过了地方改革的前两个阶段，广东登记制度改革历时不到 2 年就走完了地方改革的三个阶段。因此，简单地比较，我们很容易得出结论，广东商事制度改革的速度快。不过，需要强调的是，上级权衡地方改革的得失，掌控地方改革的节奏。因此，广东商事登记制度改革速度快，根源是中央，不是地方。

第二节　广东改革的未来

站在不惑这个时间节点上，本节沿着地方改革的逻辑，分类展望广东改革的未来。因为，广东正在进行着不同类型的改革，每类改革处于地方改革的不同阶段，面向不同的未来，面临不同的挑战。

在深化市场经济改革方面，广东有望继续走在全国前列。历经 16 年的探索，广东深化市场经济改革已经走过了地方改革的上级认可阶段。从地方改革的逻辑看，下个阶段无疑是全国同步阶段。不过，这个阶段的来临是有条件的。正如总论所强调的，地方改革创新的新政策，从产品性质来看，通常具有非竞争性和非排他性。也就是说，其他地区可以低成本，甚至无成本，移植、复制这些新政策。因此，当地方改革创新的新政策本身满足这两个性质时，上级一旦认可这些新政策，其他地区就可以低成本地快速实施，从而进入全国同步改革阶段。显然，当不满足这个条件时，比如广东深化市场经济改革的新政策本身具有了一定的排他性，其他地区则很难低成本地移植、复制这些新政策，从而广东可以继续走在全国前列。

这不仅是一种理论上的可能性，现实也如是。确切地说，从现实看，广东深化市场经济的改革是与深圳这个创新城市捆绑在一起的。深圳从一个生产性城市率先成长为一个创新城市，从而深圳与珠三角其他城市形成了创新—生产的分工格局，珠三角呈现出通过在深圳的市场创新驱动区域协调发展的态势。在中央支持下，广东顺势而为，创建世界级的大湾区和大市场，促进珠三角的产业迈向中高端。显然，这个美好蓝图是建立在存在创新城市的基础上。如果深圳依然还是一个生产城市，珠三角的城市则都是生产性城市，都处于产业链大致相同的位置，那么珠三角的城市只有同质的水平竞争，没有"创新—生产"的垂直分工；只有搬不走的邻居，没有"核心—外围"的大市场。因此，广东深化市场经济改革内嵌了一个自我保护装置：移植、复制广东深化市场经济改革经验需要有一个能够驱动区域发展的创新城市。

由于存在自我保护装置，国内其他地区很难直接移植、复制广东深化市场经济改革的经验。从一定意义上是说，经过 40 年的改革开放，中国的幸运是，深圳已经率先成长为一个能够驱动区域发展的创新城市；中国的不幸是，中国是一个大国，需要至少 3 个这样的创新城市，但目前只有一个。不可否认，国内的其他城市，比如杭州，有望成长为下一个能够驱动区域发展的创新城市，但还需要时间。这意味着，在未来相对长的时期内，国内其他地区无力打破广东深化市场经济改革内嵌的自我保护装置，从而无法移植、复制广东深化市场经济改革的经验。

以上分析表明，正是由于广东深化市场经济改革内嵌了一个自我保护装置，国内其他地区很难移植、复制广东深化市场经济改革经验需，广东深化市场经济改革有望继续走在全国前列。值得强调的是，广东的这个"全国前列"地位能够保持多久，取决于广东的继续改革创新，更取决于国内其他地区何时能够出现驱动区域发展的创新城市。

在深化商事制度改革方面，广东的未来可能是变得平庸，从"我要改革"变为"要我改革"。从地方改革的逻辑看，走完地方改革的三个阶段，就到了新一轮改革的初始阶段。新一轮改革的充分条件是，只有当执行上级统一政策无法解决辖区所面临的问题时，有担当的下级官员才会"被逼"进行改革；新一轮改革的必要条件是，上级默许、同意、支持地方改革。因此，当上级自身积极推进整体改革时，下级越来越成为上级改革措施的执行者，地方自发改革的空间越来越小，越来越成为"要我改革"。

现实也如是。2012 年 4 月，广东等地试点商事制度改革，先行一步。这些改革措施具有非竞争性和非排他性。2014 年 3 月，全国实施商事制度改革。自此，国家每年都推出标志性改革新措施，主导全国各地的商事制度改革。比如 2018 年 8 月 5 日，国务院办公厅印发《全国深化"放管服"改革转变政府职能电视电话会议重点任务分工方案》，明确全国开展商事制度改革的重点任务及工作方案，各地同步展开改革。在国家主导全国同步改革阶段，广东深化商事制度改革，是与其他省市站在同一起跑线上，能够做的必然是，从"我要改革"变为"要我改革"；在完成国家统一改革任务的基础上，进行可能的微改革、微创新，以及集成创新。

以上分析表明，在一些改革的领域，广东改革创新的经验没有内置的排他性，进入国家主导全国同步改革阶段，广东改革的未来则可能是从"我要改革"变为"要我改革"。地方改革的空间越来越小，微改革、微创新，以及集成创新成为这个阶段的地方改革抓手。还需要说明的是，在国家主导同步全面深化改革阶段，在地方改革竞争中胜出的不二法门是，让老百姓有获得感的真改革、实改革。任何"玩概念""博眼球"式的改革，实践证明，老百姓不买账，基层人员不胜其累。

第三节　地方改革研究

地方改革是理解国家改革的一个不可或缺的视角。因此，在未来，有必要以地方改革为研究对象，开展系统性的地方改革研究。至少以下三个方向，值得进一步研究。

考察全国地方改革的实践。本书基于地方改革的逻辑只考察了广东的改革历程，既系统性地回顾了广东 40 年来的改革创新，又反过来采用广东改革的实践初步验证了地方改革的逻辑。毋庸置疑，在全国范围内，地方改革不止广东这一个样本。因此，在未来研究中，有必要采用全国地方改革样本，更细致地寻找地方改革背后的故事，更多样性地验证地方改革的逻辑。

更细致地考察中央在地方改革中的角色。为了简单起见，本书重点考察了地方主导的地方改革，没有涉及中央主导的地方改革。不可否认，上级的约束和下级的改革是密切关联的，但是，近年来，地方改革似乎越来越多地体现上级的意志，更多地在上级的部署下进行。中央在事前挑选地方改革者，中央主导地方改革。显然，中央主导的地方改革与地方主导的地方改革是不同的，对地方政府而言，前者是"要我改革"；后者是"我要改革"。这两类地方改革值得进一步研究。另外，即使是在地方主导的地方改革中，中央控制地方改革节奏的角色也值得进一步细致研究。从理论的角度看，中央权衡地方改革的得失，掌控地方改革的节奏。从现实的角度看，广东走完市场经济改革周期，历时 22 年；广东走完商事登记制度改革周期，历时不到 2 年。显然，中央控制地方改革节奏的行为也值得进一步研究。

更细致地考察地方主导的地方改革类型。地方改革是否内嵌了一个排他性？正如广东全面深化改革实践所展示的，对地方而言，内置了一定的排他性，有利于地方改革在上级认可后依然能够继续走在全国前列；没有排他性，上级认可后，先行一步地区则开始与全国同步。对于上级而言，内置了一定的排他性不利于全国推广；没有排他性则便于全国推广。显然，这不是一个容易回答的问题，需要进一步研究。

参考文献

布鲁斯·巴特利特：《新美国经济：里根经济学的失败与未来之路》，中国金融出版社 2011 年版。

陈雷刚：《试论新世纪以来广东区域协调发展战略的跃升：从"山洽会"到"双转移"》，《广州社会主义学院学报》2009 年第 3 期。

陈立平：《东莞改革发展研究》，中共党史出版社 2008 年版。

陈斯毅：《广东企业工资制度改革 30 年回顾与展望》，《广东经济》2009 年第 1 期。

戴维·古德斯坦：《石油危机》，湖南科学技术出版社 2006 年版。

《邓小平文选》第 3 卷，人民出版社 2001 年版。

《邓小平文选》第 2 卷，人民出版社 1994 年版。

傅高义：《先行一步：改革中的广东》，广东人民出版社 2008 年版。

傅高义：《先行一步：改革中的广东》，广东人民出版社 2013 年版。

广东省档案馆编：《广东改革开放先行者口述实录》，广东人民出版社 2008 年版。

广东省地方史志编纂委员会编：《广东省志·总述》，广东人民出版社 2004 年版。

何志强、祝桂峰：《"双转移"：广东大战略》，《中国土地》2009 年第 4 期。

贺林平：《再造"绿色广东"》，《民生周刊》2012 年第 37 期。

黄浩：《路是这样走出来的——广东改革开放风雨录》，广东人民出版社 2008 年版。

IUD 领导决策数据分析中心：《广东"双转移"图解》，《领导决策信息》2009 年第 26 期。

IUD 中国政务景气监测中心：《广东"双转移"三年初见成效》，《领导决策信息》2011 年第 38 期。

邝新华：《80 年代知识分子下海潮：不只为钱还有生命意义》，《新周刊》第 400 期。

李娟：《广东推进市场监管现代化的实践与创新——以商事制度改革为视角》，《法治社会》2017 年第 2 期。

廖惠霞、欧阳湘：《广州改革开放历程》，广东经济出版社 2008 年版。

刘红波：《推进整体性治理，走向改革新常态——广东顺德大部制后续改革研究》，载《中国行政体制改革报告.4，2014—2015：行政审批制度改革与地方治理创新》，社会科学文献出版社 2015 年版。

刘小敏：《"入粤民工潮"问题探讨》，《社会学研究》1995 年第 4 期。

卢荻、陈枫：《经济特区是怎样"杀出一条血路来"的》，《南方日报》2008 年 4 月 7 日第 A03 版。

卢荻、杨建、陈宪宇编著：《广东改革开放发展史》，中共党史出版社 2001 年版。

罗旭：《顺德改革的"智囊"力量》，《光明日报》2010 年 5 月 7 日第 11 版。

玛格丽特·撒切尔：《唐宁街岁月》，国际文化出版公司 2009 年版。

米尔顿·弗里德曼：《资本主义与自由》，商务印书馆 1986 年版。

浦东新区管委会政研室：《浦东开发五年 经济高速发展：浦东新区与各经济特区的比较分析》，《上海金融》1995 年第 4 期。

全国政协文史和学习委员会编：《十四个沿海城市开放纪实·广州卷》，中国文史出版社 2015 年版。

尚平、田芬、张伟：《广东商事登记改革探索与实践》，《中国工商管理研究》2013 年第 1 期。

舒元：《广东发展模式：广东经济发展 30 年》，广东人民出版社 2008

年版。

宋世明：《改革开放以来的政府机构改革》，《学习时报》2008 年 1 月 15 日。

苏东斌：《中国经济特区史略》，广东经济出版社 2001 年版。

王光振、张炳申：《珠江三角洲经济》，广东人民出版社 2001 年版。

王光振：《广东四小虎　顺德·中山·南海·东莞经济起飞之路》，广东高等教育出版社 1989 年版。

王茂全、王茂设：《虎跃赛龙腾　广东"四小虎"崛起之道》，山西经济出版社 1992 年版。

王硕：《中国经济特区成败：1980 年代中期的辩论与抉择》，《二十一世纪双月刊》2013 年 10 月号，总第 139 期。

王志纲、杨春南：《"民工潮"思辨录——关于"盲"冲击的对话》，《南风窗》1991 年第 5 期。

魏伟新、王利文：《辉煌广州三十年：广州改革开放三十年基本经验研究》，广东人民出版社 2008 年版。

吴晓波：《大败局Ⅰ、Ⅱ》，《财经界》2016 年第 2 期。

吴晓波：《激荡三十年：中国企业 1978—2008》，《新经济导刊》2007 年第 3 期。

吴晓波：《激荡三十年》，中信出版社 2017 年版。

谢旭人主编：《中国财政改革三十年》，中国财政经济出版社 2008 年版。

徐现祥、陈小飞：《经济特区：中国渐进改革开放的起点》，《世界经济文汇》2008 年第 1 期。

阎旺贤：《珠江三角洲经济发展模式与策略分析》，广东旅游出版社 1993 年版。

詹奕嘉：《顺德大部制："石破天惊"今如何》，《瞭望新闻周刊》2013 年 3 月 25 日第 10 版。

张建军：《顺德当年——一个县域经济奇迹的诞生》，《中国中小企业》2018 年第 4 期。

张日新：《粤港澳大湾区：文献综述及其引申》，广东人民出版社 2007 年版。

赵欣：《佛山陶瓷产业发展的研究》，硕士学位论文，对外经贸大学，2006 年。

郑文阳、郝火炬：《撒切尔夫人传》，人民日报出版社 2013 年版。

中共广东省委党史研究室：《广东改革开放决策者访谈录》，广东人民出版社 2008 年版。

中共广东省委研究室：《增创新优势，更上一层楼——广东 98 十大专题调研》，广东人民出版社 2000 年版。

中共广州市委党史研究室编：《亲历改革开放 2：广州改革开放 30 年口述史》，广州出版社 2018 年版。

中共中央党史研究室：《中国共产党历史》第 2 卷，中共党史出版社 2011 年版。

周桂清：《东莞产业转型升级成效居全省第五》，2018 年 4 月 20 日，东莞时光网。

周晓平：《广东商事登记制度改革实践及借鉴》，《岭南学刊》2015 年第 3 期。

周永章：《创新之路：广东科技发展 30 年》，广东人民出版社 2008 年版。

朱太辉、魏加宁：《美国里根政府改革的策略和战略值得借鉴》，《经济纵横》2014 年第 6 期。

珠海市志编纂委员会编：《珠海市志 1979—2000》，广东人民出版社 2013 年版。

后 记 1

　　近十年来，我一直尝试讲清楚广东改革的故事。

　　广东改革的故事，无疑是要紧的。2018 年，中国的改革开放已走过了 40 个春秋。正是 40 年来的改革开放成就了中国的大国崛起。大国崛起必然是建立在一个个大省崛起的基础之上，广东无疑是 40 年来中国改革开放的缩影和代表。广东 40 年来的改革是一场大规模的社会实验和制度变迁过程。没有人对此有足够的知识准备，广东的改革不是一个可以事先设计周全的试验。当邓小平决定把一个邻近香港的南方小镇辟为中国经济体制改革的一个试验场的时候，迎来的多半是阻力、怀疑、挑战和指责。广东杀出了一条血路，充分发挥了"试验田""窗口"和"示范区"作用，唱响了春天的故事，重新雄起于国际舞台。

　　广东改革的故事，无疑是多彩的。如何看待广东这段波澜壮阔、风雨坎坷的 40 年改革开放历程呢？不同领域的专家学者、政府官员等早已给出了不同的归纳总结。比如哈佛大学的傅高义教授，深入广东实地调查，系统阐述广东在 1979—1988 年间经济起飞的动因、历程和特点，系统地阐述了广东改革开放前 10 年间的试验探索，并言简意赅地概括为《先行一步：改革中的广东》，这是外国学者研究和报道中国改革的第一本书。从全国范围看，把广东在改革开放前 10 年的探索、试验概括为"先行一步"，无疑是非常到位的。如果说，前十年是先行一步，那么接下来呢？在改革开放 30 年之际，广东省委宣传部委托中山大学撰写"广东改革开放 30 年发展研究系列丛书"。这套丛书从经济、政治、文化、社会、党建等 11 个方面系统总结广东改革开放的经验和成就，不过，更多的是系统的、多维度的资料收集整理，鲜有在此基础上提出科学的问题，进行理论构建，并基于构建的理论讲好广东改革开放的故事。近十年来，中国进入了全面深化改革的新时代，广东的各项改革事业依然走在全国前列。

广东改革的故事，有其一般意义。早在 2007 年，我很荣幸参与了舒元教授主持的"广东改革开放 30 年发展研究系列丛书"（经济卷）的工作。在与陈小飞同学一起系统收集整理经济特区发展史的过程中，我发现，经济特区前 30 年的发展历程可以概括为"试验—扩散—趋同"三个阶段，并尝试揭示这三个阶段背后的故事。自认为，这是一个要紧的发现，单独成稿并投稿《世界经济文汇》，2008 年刊出。遗憾的是，我只是把这个发现局限于经济特区的故事，而不是在一般意义上，讲述地方改革的故事。正是由于这种局限性，我当时也没有尝试按照这个发现系统考察广东 30 年来的改革历程。"不识庐山真面目，只缘身在此山中。"近十多年来，全国有太多的新型"经济特区"潮起潮落。比如，两型社会、统筹城乡综合配套改革试验区、滨海新区、自贸区、跨境电商综合试验区、雄安新区等，几乎都呈现出"试验—扩散—趋同"三个阶段。面对这些新的观察，我意识到，广东改革的故事，就是地方改革的故事，有其一般意义。2017 年，很荣幸，我再次有机会参与到"广东改革开放 40 年系列丛书"工作，承担广东改革卷的工作。对于我来说，无疑，这是一次难得的自我完善的机会。因此，在这项工作的伊始，我就先尝试构建地方改革的逻辑，再按照地方改革的逻辑重新梳理广东改革的实践，最后基于这个逻辑展望广东改革的未来。

讲清楚广东改革的故事，是一项规模较为庞大的系统工程，凝结了集体智慧。本书的撰写团队由 7 人构成。具体分工为，徐现祥负责构建地方改革的逻辑，即总论和第十七章；以及撰写广东改革实践的提纲，即第一章至第十六章的内容提纲。梅心悦和梅潇月负责广东创建经济特区部分，即第一章至第六章；后来，梅潇月退出，梅心悦负责这部分初稿。王琳琳和张帅伊负责广东市场经济改革部分，即第七章至第十一章。王家星和梁智鹏负责广东全面深化改革部分，即第十二章至第十六章。完成初稿后，梅心悦和王家星负责统筹广东改革的实践。完成书稿后，暨南大学经济学院的王贤彬副教授和中山大学国际金融学院的张莉副教授审阅了部分章节，并给出建设性的评价与修改意见，在此表示感谢！另外，在讲述广东 40 年改革实践时，我们引用了大量一手、二手历史材料。尽管我们尽力做了历史资料来源的标注，但是，如有遗漏，还请读者告知，必更正。

本书得到了中山大学岭南（大学）学院的资助。作为探索中国全面深化改革的一部分，本书也得到了国家自然科学基金（71673310）和研究阐述党的十九大精神国家社科基金专项课题《深化商事制度改革研究》（18VSJ069）的资助，在此表示感谢。

作为中山大学岭南（大学）学院的教员，最大的收获和乐趣，就是总能遇到优秀的学生。这次与梅心悦、王家星他们结伴同行，一起探索广东改革的故事，一年多来，几乎每周都有碰头讨论，总能不断收获惊喜。三人行，必有我师。但书中所有错误、不足均由我负责，欢迎批评指正。

徐现祥

2018 年 8 月 8 日于广州

后 记 2

校正完本书的最后一节，东方欲晓。从毗邻珠江的 MBA 大楼窗口临江眺望，远方的珠江新城仍是灯火阑珊，而在 30 年前，那里仅仅是一片荒地。

广东改革的故事，无论是从地方历史的角度，还是从国家发展的角度，都是不可或缺的一部分。于广东而言，由改革开放契机所进行的地方改革，造就了广东；于中国而言，广东以试验田的身份，屡次先行一步，为国家改革开放的设想提供实践的场所，随后这种被验证的设想被推广到全国，而这种改革模式也成就了中国。

我们很难去验证这种改革道路是否最优，但从效果而言，这种模式无疑是有效的。其最显而易见的成果就是，广东成为中国第一经济大省，中国成为世界第二大经济体。但由"果"去推导"因"的过程，是很经不起推敲的。比较典型的反对声音是，这种成果的产生，究竟是政府的政策作用，还是经济体自行演化的。而为了解决这一问题，我们选择了一条最稳妥也最"笨"的办法——溯源。因为，如果从现在的视角去看，中国在改革开放时的各类决策是顺理成章的，但这就陷入了一个谬误，即我们具有当时决策者不具有的巨大优势——信息完备。一旦站在改革开放的各决策者的视角，我们会惊叹，在信息不完备的条件下，能做出各种符合时代大势，甚至超越时代进行提前布局的决策，是多么可贵。

广东改革的故事中，充满了这类决策者，他们所处的岗位或高或低，所做的贡献或大或小，而就是这些人聚沙成塔的合力，造就了广东的奇迹。为了讲述广东改革的前因后果和历史沿革，我们只选取一个极小的切面去体现整体，书中所叙人物和事件仅是冰山一角。这段历史时期所发生的故事不能一一展现，为此我们表示遗憾和歉意。

讲好广东改革故事的过程是艰难的。第一个问题是如何去构筑一条既符合叙事逻辑又具有可读性的时间线。这种困惑让我们在初次收集材料的过程中，只能沿着集思广益的思路，去尽可能多地搜罗各式材料。这种过程是缓慢而痛苦的。以报刊材料为例，在阅读报纸的过程中会产生一种巨大的焦躁感，收集完《人民日报》的内容，又会感觉《南方日报》不可不读，读完《南方日报》之后，亦不肯放过《经济日报》。纵然侥幸以水磨功夫遍历报刊，又开始担忧起是否会有遗漏之处，以至于手机相册里至今留存有近两千张报刊掠影，时时恐有疏忽未达之处。所幸，这种当时看似"无头苍蝇"般的笨功夫，却意外地有了沉淀储备知识的功用，动笔之时常有信手拈来之举，方知是厚积薄发的反馈，急功近利无用功，一蹴而就底层空。古人诚不欺我！

第二个问题是在收集过程中产生的，由于有先入为主的错觉，我们一开始都将视角局限于广州一地，常常以此为关键词按图索骥，结果是让人困惑的：很多历史时间点都不能在广州找到确切的发生标志。这是方才惊觉，恍然大悟之下，逐渐由广州向广东，从广东到中国，又以中国为基点看世界之局势，最终拨开云雾见青天。由此不再坐井观天，对广东改革的过程有了一个更加清晰的认知。

落笔之时，又面临新的问题，选材的合适与否，即所叙述的内容是否能代表要阐述的历史事件和历史时期。这一点在国企改制的写作上显得尤为突出，谁才是改制的典型？是曾登顶家电行业的科龙，还是国产饮料史上无出其右的健力宝，抑或是至今屹立不倒的格力？又怎样去定义典型的标准？而最终选择健力宝的原因是健力宝事件的惨淡收尾所带给人的巨大落差感，相较于之后动笔的科龙与格力，健力宝的兴衰所代表的国产饮料奋力拼搏却壮志未酬的过程，能激起人的共情并让人感慨与唏嘘。另外，对李经纬先生的敬佩与惋惜，推动着我们想把他和健力宝的故事讲给更多人听，过去的悲剧，不仅需要人们去反思，更重要的是未来去避免这种类似事件的发生，而传播这个故事的目的，也就是让更多人参与到反思和预防中来。

确保字句的翔实，是在叙述之时所面临的最大坎坷。由于我们并没有经历过那段令人神往的历史，所以很难仅凭一家之言确保事件的可信度。在实践中，我们发现了两种"笨办法"可以解决这个问题。一是穷举，即将能查到的、有涉及的相关资料、报刊和影视音频都查阅一遍，以孤证不立的思路，采信最普遍和叙述最细致真实的说法；二是实地去察看，在很多大事件发生地的纪念馆、纪念碑以及亲历者都会给予我们最接近事实的答案。健力宝的写作中，我们就曾前往三水实地察看，虽然并未进入健力宝的厂址之内，却意外经人引领，找到了李经纬老人逝世的地点，也就有了健力宝部分那个凄凉而引人唏嘘的开头，算是无心插柳柳成荫。

在书稿中，出于叙述的连贯性，许多前期曾重点去收集资料的事件和事物未能出现。像是在广州城市发展上，猎德的旧城改造工作，南沙新区的建设历程和未来展望，都具有很强的代表性；又如在深圳科技创新上，华为从无到有，坚持"技工贸"路线而于今绽放出众多璀璨的科技成果的故事，也具有极高的叙述价值。这些刻意去关注而没有成为书中一部分，算是有心栽花花不开。

在写作过程中，曾由于种种原因导致进程几近停滞，甚至遇到了成员退出的情况，但在团队成员的配合下仍然保质保量地按时完成了本书的写作。感谢梅潇月在前期工作中的付出，在与王琳琳、张帅伊和梁智鹏的通力合作下，本书的语言、内容和图表方面都得到了进一步的完善。审校过程中已尽力避免错别字、语序不通和标注缺失等状况，如果仍有一些差错，烦请读者告知，必第一时间进行更正。

作为岭南学院的本科生，我们很荣幸有机会能跟随徐现祥老师对广东改革的历史进行研究。在探索这段历史的过程中，老师为我们提供了优越的研究条件，以线索提示而非观点直叙的方式，给予了我们最大可能的思辨空间。一年多的写作历程，让我们在探索中收获良多，受益匪浅。师者，所以传道，受业，解惑也。能得老师教诲，三生有幸。

王家星　梅心悦

2018 年 8 月 26 日于广州